マイナビ新書

不良在庫は宝の山

竹内唯通

マイナビ新書

はじめに

私にとって、不良在庫は宝の山にしか見えません。

しかも、大金を使うこともなく、考え方を変えるだけで、多くの不良在庫を宝の山に変えられるのです。

「そんなことができるものか！」

というご意見もあるでしょう。

無理もありません。

しかし、今、あなたが知っている大企業も、過去をさかのぼると不良在庫を宝の山に変えてきました。逆をいえば、不良在庫を宝の山に変えることができなければ、企業は生き残ってこられなかったのです。

つまり、世の中には不良在庫を宝の山に変えた事例がたくさんあるのです。ただ、あなたがその事実を知らないだけなのです。

この本では、日用品・食品・書籍・電気製品・自動車・バイクなど、私たちにとって身近な製品を例に、不良在庫を一掃し、宝の山に変えるマーケティング手法を解説していきます。この手法は物品販売に限らず、士業・コンサルタント業・講師業など、形のないサービスにも応用できます。

まず、第一章では、ビジネスの永遠の悩みともいえる不良在庫を宝の山に変えた、日米の五人の伝説のマーケッターとそのマーケティング手法を紹介します。本書の中で五人を神と呼んでいますが、「自分たちの会社に必要な神は誰だろう？」と考えながら読み進めていただくと、みなさんの悩みを解決する一助になることでしょう。

第二章では、不良在庫の本質を探っていきます。不良在庫の本質を理解すれば、その後は、売れ筋商品、通常商品、不良在庫品のいずれを問わず、共通の解決策でうまくいきます。その共通の解決策を第三章より解説します。

その第三章では物流と販路を変えてヒット商品を作る方法、第四章はターゲットを変更して売り伸ばす方法、第五章では広告を変えてヒットさせるなど、在庫の多寡を問わず、すべての商品に通用する販売拡大方法を紹介します。

なお、不良在庫の原因を探ると、商品名や商品パッケージの良し悪しがその原因となっていることも少なくありません。

そこで第六章では、商品名や商品パッケージを変えたり、不良在庫を再利用して商品を生まれ変わらせる方法を紹介します。

そして、最終章の第七章では、この本のタイトル「不良在庫は宝の山」のとおり、現実に目の前にある不良在庫を宝の山に変えていく手順を紹介していきます。

この本を通して、一人でも多くの人・一社でも多くの会社が、不良在庫の悩みから解放されることを願っています。

二〇一五年六月　竹内唯通

不良在庫は宝の山

目次

第一章　不良在庫を宝の山に変えた伝説のマーケッターたち

第二章　不良在庫の本質を見極めろ

第三章　物流&販路を変えて在庫一掃

第四章　ターゲットを変えて不良在庫を宝の山にする

第五章　広告を変えて大ヒット

第六章　不良在庫を再利用して在庫一掃

第七章　不良在庫を宝の山に変えるコツ

第一章

不良在庫を宝の山に変えた伝説のマーケッターたち

マーケティングの究極の目的ともいえる「商品を売る」という行為。

この行為の中でも、多くのマーケッターが悩み、研究してきたのが「不良在庫を宝の山に変える方法」です。

まず最初に、ビジネスの永遠の悩みともいえる不良在庫を宝の山に変えた、日米の五人の伝説のマーケッターと、その事例・マーケティング手法・考え方を紹介します。不良在庫という表現が悪いかもしれませんが、「思ったより売れなかった商品」「いつの間にか在庫が山となっていた商品」を宝の山に変えた、と解釈いただけると幸いです。

それぞれのマーケッターについて、ポイントを一つ〜三つに絞って解説しています。

過去の事例よりも、不良在庫を宝の山に変える具体的な手法を知りたい、という方は、本章を飛ばして、第二章から読み進めてもらっても構いません。

信頼・信用を売る広告の神　リー・アイアコッカ

不良在庫を宝の山に変えた伝説のマーケッターとして、まず最初に紹介するのは、アメリカの自動車大手クライスラーのCEOを務めたリー・アイアコッカです。

アイアコッカは、未曽有の経営危機に陥っていたクライスラー社を立て直し、「アメリカ産業界の英雄」となった伝説のマーケッターです。

アイアコッカがクライスラーに移って間もない頃の話です。

ある金曜日の朝、アイアコッカは、CFO（最高財務責任者）にたずねます。

アイアコッカ「午後五時までに手元に用意できる現金はいくらだ？」

CFO「ざっと百万ドル」

アイアコッカ「毎週金曜日に支払う給料はいくらになる？」

CFO「ざっと二億ドル」

この瞬間、アイアコッカは、会社が倒産することを知ったのです。

（『なぜ真のリーダーがいないのか』リー・アイアコッカ、ダイヤモンド社より）

一九八〇年代、クライスラーはアメリカの自動車不況の中、最も経営破綻が近いと噂されていた会社でした。メディアは、クライスラーがいつ白旗を揚げるか、鵜の目鷹の目で見つめていました。クライスラーの車の信頼性は、地に落ちていたのです。

当然、車は売れず、製造ラインから出来上がってくる新車の在庫も積みあがる一方でした。相当な不良在庫といってよいでしょう。

そのような厳しい状況の中、アイアコッカはＣＥＯでありながら、進んでテレビコマーシャルに出演します。

「クライスラーは昔のクライスラーではない、新しい会社だと、知らせなくちゃなりません。最良の方法は、新しい会長を押し出すことです。あなたが出演するのが正解ですよ」との知人からの推奨がテレビコマーシャル出演の決め手になりました。

ただ、テレビコマーシャルに出演するといっても、車の性能を自身の言葉でアピールするだけでは、クライスラーを信頼していない手厳しい消費者には響きません。

不良在庫の最大の問題は、クライスラーの車に対する消費者の信頼性にあります。車を売ろうとしても、消費者にはそっぽを向かれてしまいます。このような状況の中では、車を売ろうとするのではなく、信頼・信用を売るのが得策でしょう。アイアコッカが語ったのは、自社の商品（自動車）に対する自信とともに、信頼・信用でした。

一九八二年には、レバロンシリーズのコマーシャルに登場します。

レバロンシリーズは、同年ミッドサイズからコンパクトサイズにフルモデルチェンジ。アイアコッカ自身の市場調査をもとに、運転好きの人々にドライブの楽しさを取り戻してもらうことを目的に発売されました。

アイアコッカはコマーシャルの中で、実際にフォード・GM・ドイツ車・日本車など他社の自動車と品質・制御技術等すべての要素を比較したと話します。そして、自らの名誉を賭けて言い放ちます。

「完璧な車はないが、これらの車はそれに近い」

"No cars are perfect, but these come pretty close."

「これが一番の車でなかったら、私は間違った職に就いている」

"If you don't agree these are the best car ever built, then I am in the wrong business."

「もし、より良い車があるとお考えなら、どうぞそちらをお買いください」

〝If you can find a better car - buy it!〟

と、カメラをまともに指さして、彼自身の言葉で、自信たっぷりに言い切りました。

このコマーシャルは、アメリカ国内で一大センセーションを巻き起こします。

当初、レバロンシリーズの失敗を予想する声も多くありました。しかし、このテレビコマーシャル放映をきっかけに、怒涛のごとく注文が入ります。

その後、「あなたの言うとおり、あれこれ見たが、クライスラーが一番よかった」という消費者からの手紙がアイアコッカのもとに続々と届きます（ほんのごく一部、「あなたの言うとおり、他の車にしました」という声もあったそうですが）。

このテレビコマーシャルは、当時、まさに危機的な状況にあったクライスラーが一躍脚光を浴びた「広告史に残る衝撃的な離れ業」だったと語り継がれています。

アイアコッカは、文字通り「信頼・信用を売った」のです。

アイアコッカの容姿、風貌、話し方、姿勢が、消費者に一瞬で信頼を植え付けました。

「彼は信頼できる。信用できる」と。

アイアコッカが売った信頼・信用が、不良在庫を宝の山に変えました。

そして、このコマーシャルを契機に、瀕死の状況にあったクライスラーが奇跡の復活を遂げたのです。

購買支援情報で売る神　ジェフ・ベゾス

インターネットが世に出るまで、本書のような書籍は、全国各地それぞれの書店の棚に不良在庫となっているものが数多くありました。

一九九〇年代まで、この状況は、日本のみならず、世界各国でも同様の状況でした。

世界中の書店や取次・出版社が永遠に悩んでいた書籍の不良在庫を独自の手法で宝

の山に変えたのが、Ａｍａｚｏｎの創業者ジェフ・ベゾスです。

ベゾス率いるＡｍａｚｏｎの基本的な考え方はシンプルで、「インターネット企業がメーカーと消費者をつなぎ、世界に向けてあらゆる商品を販売する」というものです。

標語として、「エブリシング・ストア（どんなものでも買えるお店）」が掲げられています。

とはいえ、ゼロスタートの最初から、本当のエブリシング・ストアを立ち上げるのは、無理があります。

そこで、ベゾスが最初に目をつけたのが、書籍だったのです。

その理由はいくつもありました。

まず、書籍というものは、差別化と縁のない商品で、どのお店でも、まったく同じ本が買えます。そのため、消費者は、どの書店で売っている本でも、商品の質を心配せずに買い物できます。そして、アメリカには大手二社の取次があり、多くの出版社と一社ずつ交渉する必要もありません。

さらに、重要なポイントとして、書籍は三百万点以上も存在していて、大手書店でも、すべての在庫を持つことは不可能、ということがありました。

すぐにエブリシング・ストアを実現するのは無理ですが、その肝となる点「無限の品揃え」を一種類の製品について実現することなら可能だとベゾスは考えました。

初めの頃は、物流にも創意工夫などなく、本の注文が入ると、取次会社にその本を発注。二〜三日で本が倉庫に届き、そこから顧客に発送。配送に要する時間は、普通の本で一週間、入手しづらい本だと一カ月以上もかかったそうです。

それが、今や、全米はもとより、日本国内の主要都市でも、即日発送、お急ぎ便利用で当日、翌日配達を可能とするまでになりました。

このＡｍａｚｏｎは、以下に紹介する三つの販売手法で、世界中の不良在庫の本を宝の山に変えてきました。

①ロングテール

Ａｍａｚｏｎが活用し、代名詞となったのが、いわゆる「ロングテール」です。

「ロングテール」とは、インターネットを通じた販売手法・概念の一つであり、あまり売れない大多数の商品の売上が、少数のヒット商品の売上を凌駕《りょうが》する状態のことをいいます。つまり、販売機会が少ない商品でもアイテム数を幅広く取り揃え、対象となる顧客の総数を増やすことで、売上の拡大が図れる、ということです。

売れている上位の二割を「ショートヘッド」といい、あまり売れていない下位の八割が「ロングテール」にあたります。

Ａｍａｚｏｎでは、無数の商品の中から、目当ての商品がほぼ見つかりますし、

○この商品を買った人はこんな商品も買っています
○この商品を見た後に買っているのは？
○最近閲覧した商品とおすすめ商品

など、閲覧しているページの中段や下段に、消費者が目当てとする商品と関係がある商品を紹介しています。消費者は、どんどんロングテールの方に引っ張られていくこともよくあります。

ちなみに、これはそれぞれの消費者の趣味・嗜好・利用履歴などをもとに表示され

ています。

このように、消費者の興味に応じて、さほど売れていない商品であっても、それに興味を持つであろう消費者の目に届きやすくしているのが、Ａｍａｚｏｎが不良在庫を宝の山に変えている一つの販売手法です。

②レビュー

もう一つ、Ａｍａｚｏｎの販売手法として有名なのが「レビュー機能」。

レビューという言葉は、元々システム開発会社などで、システム開発の工程ごとに成果物の品質を検証する会議のことを指していました。それが今では、それぞれの特定の対象についての感想・評価などを総称するようになりました。

消費者が書いたレビュー（書評）が、他のサイトより多くなれば、他のオンライン書店に流れる顧客も減り、購買率も高まる、とベゾスは考えました。

ただし、このレビュー機能、誰でも何でも好きに書けるようにすると、悪意のある書き込みが増える可能性もあり、問題が起こりかねません。そのため、レビュー投稿後、Ａｍａｚｏｎ内でのチェックを徹底し、不正な投稿がある場合は、非掲載としているようです（なんと、Ａｍａｚｏｎのレビュー機能は、週末の二日間で完成してしまったそうです）。

このレビュー機能ができた前提として、買い物をする人には、大きくわけて二種類のタイプがいることが挙げられます。

●誰より先に買い物する人（先駆者）

●誰かが買っているのを見て後から買う人（追随者）

前者は自分で考え、見極める力がある、想像力に優れた人。

一方、後者は誰かが買っている・買って満足している、という安心を得たい人。

言ってみれば、新たな商品のモルモットにはなりたくない人たちです。おそらく大半の人がそうでしょう。このような人たちが、レビューを参考にします。

そして、このような人たちによって、流行が作られる、といって良いでしょう。

このように、先駆者たる誰かが先に目をつけて評価した情報を、他の人の購買支援材料として提供することで、追随者を増やしているのが、Ａｍａｚｏｎが不良在庫を宝の山に変えている二つ目の販売手法です。

③ランキング

三つ目の販売手法として挙げられるのが、ランキングです。

Ａｍａｚｏｎでは、すべての書籍・商品にランキングがついています。

それまでは、ベストセラー一〇〇・トップ一〇〇など、せいぜい上位一〇〇位ぐらいまでをランキングするのが一般的でした。

新聞や雑誌等の紙誌面上で表現しようとすると、スペースの関係からどうしても絞らざるを得ません。しかし、インターネット上であれば、スペースの制約なしに、リストをどこまでも長くできます。

この結果、人気度で商品を分類できるようになっただけでなく、著者や出版社なども商品の人気を把握できるようになりました。

このランキング情報、不良在庫とどう関係しているの？と思われた方もいるでしょう。

確かに、ランキング上位の商品が目につきやすく、売れているという実績もわかりますので、ランキング上位の商品ほど益々売れる、という傾向はあります。

一方、Ａｍａｚｏｎのランキング情報は、全体の総合ランキングのほか、小さなカテゴリ分類別のランキングもあるのです。

さほど市場が大きなカテゴリでなくとも、その小さなカテゴリ内で上位のランクに位置すれば、より多くの消費者の目に届きやすくなります。さらに、小さなカテゴリでも上位にランクしているということは、売れている実績のアピールにもなり、より売れやすくなります。

また、消費者のランキングの見方も、上位好きの人、下位好きの人、あるいは普通の中位好きの人、とタイプがわかれます。一方で、ランキングを気にしない人も少なからずいます。

上位好きの消費者はランキング情報を参考に売れている商品を購入。中位好きの消費者は、平均的な商品を購入。そして、下位好きの消費者は、あまり売れていない商品の中から、掘り出し物がないかと探して購入。

特に、下位好きの消費者の中には、下位の商品を応援しようと思って購入することもあるようです。

このように、カテゴリ別に全商品を網羅したランキング情報の提供により、下位の商品も目につきやすくしているのが、Ａｍａｚｏｎが不良在庫を宝の山に変えている一つの販売手法です。

ベゾスは、ここで紹介した三つの購買支援情報の提供で、世界中の書店・取次・出版社に眠っていた不良在庫を宝の山に変えました。

ベゾスは言います。「我々はモノを売って儲けているんじゃない。買い物についてお客さんが判断するとき、その判断を助けることで儲けているんだ」と（『ジェフ・ベゾス　果てなき野望』ブラッド・ストーン、日経ＢＰ社より）。

アイデアでブームを起こす神　本田宗一郎

不良在庫を宝の山に変えた伝説のマーケッターの三人目に紹介するのは、ＨＯＮＤ

Aの創業者・本田宗一郎です。

本田宗一郎とHONDAの歴史は、一言でいうと、「ブームを起こす」ことにあります。

HONDAの始まりも、ブームを起こして、不良在庫を宝の山に変えたのです。


今から七〇年前の一九四五年（昭和二十年）第二次世界大戦が終戦しました。

日本では、三百十万人の生命が失われ、一千万人以上もの人々が家を失ったといわれます。国内の主要な都市は、ほとんど焦土と化し、至るところに焼けただれたトタン板を使った急造のバラックが見られました。日本人の大半が夢遊病者のように、右往左往しながら生きていた時代とも言われています。

当然ながら、軍需産業もなくなり、国内の産業も疲弊します。

戦時中に軍隊が使用していた通信機の小型エンジンも、使い道を失い、不良在庫の山となっていました。

その不良在庫の山に目をつけたのが、本田宗一郎です。

通信機用の小型エンジンを自転車につけ、自家用のモーターバイクを作ります（使い道を失った通信機の小型エンジンは、スクラップ同様の値段で手に入ります）。

当時、戦後のガソリン不足もあり、自動車に乗る人はいなくなり、バスや汽車は屋根の上にまで人を乗せるような殺人的な混雑だったそうです。

そこで、本田が自分で作った自家用のモーターバイクを乗りまわすと、見る人が誰でも欲しがるほど、大注目を浴びます。

「これはイケる！」

これが動機となり、本田技術研究所を設立しました。一九四六年（昭和二十一年）、本田宗一郎が四十歳の時でした。

ガソリン不足の中、自転車に通信機の小型エンジンをつけた自家用モーターバイクは、交通機関として重宝され、大人気となりました。

たちまち、不良在庫であった通信機の小型エンジンが市場からなくなります。

そこで、エンジンの製造に取り掛からざるを得なくなったというのが、ＨＯＮＤＡの始まりです。

そして、一九五二年（昭和二十七年）、自転車につける五十ｃｃの簡易エンジン「カブ」を開発・発売します。

白いタンクに赤いエンジンがお洒落で、それまでの自転車用の補助エンジンとは一線を画したスマートなデザインになりました。

見るからにかわいらしく、親しみやすい「カブ」は、販売チャネルの自転車店を通じて、爆発的な大ヒット商品となりました。

ちなみに、カブとは熊、ライオンなど野獣の子供のことを意味しています。

しかし、発売から順調であったカブも、昭和三十年に入ると、売れ行きがパタリと止まります。後発の他社製品に人気が移ったことに加え、自転車用補助エンジンそのものが、時代遅れになり始めていました。

在庫も山積みとなり、先の見通しも真っ暗に……。

そして、一九五八年（昭和三十三年）八月、一年八カ月の開発期間を経て「スーパーカブ」が誕生します。

「スーパーカブ」では、エンジン回りを、当時では珍しいプラスチックで覆うようにしました。それは、宗一郎の妻の「エンジンが鶏の臓器みたいで気持ち悪い」という一言で付けられたそうです。これが泥除けなどの思わぬメリットを生みます。

この「スーパーカブ」のブームは広告で起こしました。

「スーパーカブは、そば屋に向いている」

本田宗一郎の言葉をもとに、東京・田園調布のそば屋「兵隊家」の協力で、「働くカブ」を題材に広告を作りました。

この広告は、第五章で紹介する顧客事例広告の先駆けといえるものです。

「ソバも元気だ　おっかさん……

なんと云ってもこの店には、スーパーカブがあるのが魅力です。

出前迅速・ソバはノビないとあって、お得意さんはガ然ふえました。

片手運転もOKの素晴らしい性能・ボクだって働きがいがあります……

東京からの便りに信州信濃の郷里でもソバと倅がカブに乗ってと大評判です」

バイクとしては初めて、一般の週刊誌等に広告を掲載しました。

これが、配達用のバイクとしてそば屋さんをはじめとする全国の商店や、新聞配達、郵便配達など、広く普及するきっかけとなりました。

この広告のアイデアによって、大ブームを起こし、大ヒットを生んだのです。

国内のみならず、海外でも広告でブームを仕掛けます。

それまで、アメリカ人にとってバイクといえば、アメリカ映画「イージー・ライダー」のように革ジャンを着たアウトローの遊び道具というイメージを持たれていました。

そこで、アメリカの広告では「YOU MEET THE NICEST PEOPLE ON A HONDA」（素晴らしい人々、ホンダに乗る）というキャッチとともに、主婦や親子、カップルといった平和な人々がカブに乗っている姿を描きました。

これによって、アメリカ人のバイクに対するイメージを一新し、お洒落な乗り物として広く認知されるようになりました。

さらに、それまでは決して良いイメージではなかったバイクの社会的地位までも向上させたのです。この広告で、アメリカでもブームを起こしました。

このように、「スーパーカブ」は国内のみならず、海外でも大ブームを起こし、世界中の人々に親しまれるようになったのです。

決して、ブームに乗ったわけではありません。

アイデアによって、需要を作りだし、ブームを起こしたのです。

本田宗一郎は言います。

「食糧のように一定の需要があって供給がリードされる場合もある。

しかしこれとても革命的な食品の発見があったら、どんな関係になるか知れない。

私はつねに需要は、アイデアと生産手段によってつくりだすものだ、と考えている。

戦後、コーモリ傘の需要は異常な強さだった。

たちまち誰も彼も、その生産に乗り出し、またたくまに供給がゆきわたり、生産過剰になってしまった。

メーカーは倒産しはじめた。

そこで、ある人が、折り畳み式の傘を考案した。

需要がなくなったはずの傘は、再び飛ぶように売れた。

アイデアが需要を作り出したという一例だが、これは人生に、仕事に、大いに考えさせられるものがある」(『得手に帆あげて』本田宗一郎、三笠書房より)

アイデアによって商品がもつ魅力を引き立て、需要を作りだし、ブームを起こす。

これによって、本田宗一郎は、市場を作り、不良在庫を宝の山に変えてきました。

細やかなリニューアルで売る神　森永太一郎

不良在庫を宝の山に変えた伝説のマーケッターの四人目に紹介するのは、森永製菓の前身＝森永西洋菓子製造所の創業者・森永太一郎です。

森永太一郎と森永製菓は、消費者ニーズにあわせた細やかなリニューアルで、不良在庫を宝の山に変えてきました。

一八九九年（明治三十二年）八月、森永太一郎は、アメリカで洋菓子の製法を学び、「森永西洋菓子製造所」を創業しました。

マシュマロ、チョコレート、そしてキャラメルと、満足のいく美味しいお菓子が出来上がりました。しかし、当時なじみのない西洋菓子を売ってくれるお店は一軒も見つかりません。

当然、消費者の目にも届かず、作った分がまるまる不良在庫となっていたのです。

ところが、この不良在庫が、宝の山に変わったのです。

取り扱ってくれるお店を探すより、自分で売って歩こう。森永太一郎は考えます。

しかし、マシュマロ、チョコレート、キャラメルと言って売り歩いても、誰にも知られていない商品では見向きもされません。

さらに、人が集まってから箱を開けて見てもらうのでは、その場に集まっている人にしか見てもらえません。

売り歩きで運んでいる最中にも、人々に見てもらうには、どうすればいいだろう？

中の商品が見えやすい、ガラス戸で囲んだ箱車がひらめきました。

そして、ガラス戸の箱車に、お菓子を積んで売り歩きます。

すると、お菓子を載せた箱車の後から、子供たちがゾロゾロとついてきたのです。

ようやく、森永のお菓子が日の目を見るようになりました。


そして、森永製菓の代名詞といえば、「森永ミルクキャラメル」。

創業当時、キャラメルを知っているのは、外国人や海外から帰国した人だけでした。

一般庶民で知っている人はほとんどなく、全く売れません。

当時、キャラメル一粒一粒をワックス紙で包み、それを十ポンド缶に入れて一粒五厘でバラ売りしていました。

でも、なかなか思うように売れません。

そこで、太一郎は、バラ売りでなく、気軽に持ち歩ける携行缶のアイデアを思いつきます。

美しく印刷されたブリキ缶入りのキャラメルを販売しますが、ブリキ缶の値段が高く、十粒入りで十銭と、バラ売りの二倍の価格になってしまい、これまた思うようには売れません。

買うのは、外国人や海外から帰国した人ばかりでした。

「もっと安価な携帯用の容器はできないか？」と考えた太一郎は、さまざまな容器を開発・試作します。

そして一九一四年（大正三年）、キャラメル容器のスタンダードとなる紙パッケージの「ポケット用紙サック」が完成します。

同年、上野公園で開催された東京大正博覧会で、二十粒入り十銭で販売します。

すると、これまで売れなかったのが嘘のように、飛ぶように売れました。

以来、森永ミルクキャラメルをはじめとした森永のお菓子は売れに売れ、太一郎は「製菓王」と称えられるようになったのです。

太一郎は、商品自体は変えることなく、見せ方や容器など、消費者ニーズにあわせた細やかなリニューアルで、不良在庫を宝の山に変えました。

この手法は現代の森永でも生かされました。

森永太一郎が亡くなって二十年後の一九五七年（昭和三十二年）に「森永ホットケーキの素」（現ホットケーキミックス）が発売されました。

実は、日本で初めて家庭用ホットケーキミックスが発売されたのは、一九三一年（昭和六年）。無糖の「ホットケーキの素」ですが、当時の食生活にはなじまず、あまり浸透しませんでした。

それが本格的に生産されるようになったのが、一九五七年。同年「森永ホットケーキの素」を発売し、市場に参入します。

食生活の洋風化やインスタント食品ブームといった時代の流れにも乗り、「レストラン並みのおいしさを家庭で手軽に作れる」ことが消費者の心をとらえ、需要を一気に拡大します。こうしてホットケーキミックスは、一般の家庭にも急速に普及しはじめたのです（森永製菓ホームページより）。

ところが、それから数十年の時を経て、一九九〇年代、二〇〇〇年代は、売れ行きが鈍ります。

元々、簡単にホットケーキが作れるということで売り出されて人気だった商品ですが、時代を経るにつれて、それさえも面倒と感じる人が増えてきます。一九九〇年代のバブル期は、世の中全般的にそういう傾向がありました。一度鈍った売上は、そう簡単には回復できません。

しかし、森永製菓は新たな消費者ニーズをくみとり、売上回復を成し遂げます。ホットケーキミックス発売五十年を迎えた二〇〇六年八月、美味しさや焼き上がりの改良とともに、パッケージを改良します。四百グラム×一袋入りを、二百グラム×二袋の便利な小分けタイプに変更。加えて、添付のケーキシロップを、一袋三十グラムから五十グラムに増量、さらに二袋入りにして、たっぷり使えるようにしました。

ホットケーキのケーキシロップシリーズも、より合う味わいに品質改良を行います。同時に、従来のケーキシロップ〈メープルタイプ〉・チョコレートシロップの二種類に加え、定番の味でありながら、ありそうでなかったカラメル味のシロップを商品化しました。

さらに、おやつ視点の食育「菓子育」にも取り組みます。

二〇〇八年、東北大学加齢医学研究所の川島隆太教授と共同研究を進めます。

そして、ホットケーキを手作りで調理するということが、幼児の脳の発育にも、親子関係にも良いという「菓子育」をPRしたところ、またもや、ホットケーキミックスが宝の山として甦ったのです。

森永太一郎と森永製菓は、商品そのものは変えずに、消費者ニーズをくみとった細かなリニューアルによって、不良在庫を宝の山に変えてきたのです。

モデルケースから市場を広げる神　盛田昭夫

不良在庫を宝の山に変えた伝説のマーケッターの五人目に紹介するのは、盛田昭夫です。

盛田昭夫は、共同経営者の井深大とともにSONYを創業、世界企業に育てあげました。

その鍵は、モデルケースから市場を広げ、不良在庫を宝の山に変えてきたことにあります。

盛田昭夫とSONYの歴史は、新製品の不良在庫との戦いから始まります。

一九五〇年（昭和二十五年）、井深大と創ったSONYの前身＝東京通信工業が新製品「テープレコーダーG型」を開発し、売り始めます。

重量は四十五キロもあり、持ち運びも一苦労です。しかも、皆「自分の声が聞けるとは面白い」と、驚きとともに喜びはしますが、誰も買ってはくれません。

「おもちゃにしては、高すぎる」との意見が大半でした。

仕事に必要かというと、そうとはいえません。いかに画期的な新製品でも、必要性を感じない人には、猫に小判です。

音声を録音する商品としての機能・性能は優れていましたが、価格は十三万八千円。当時大卒の初任給が六〜七千円だった頃、決して安いとは言えません。

まったく売れずに、苦戦する中、盛田は気づきます。

「画期的な商品を開発することと、その価値をわかる人を見つけること、その価値を人々にわからせることは、まったく同様に大事」だと。

この時、盛田は、商品開発は井深という天才に任せて、自分は商品の価値がわかる人を見つけ、需要を喚起すること（今でいうマーケティング）に全力を傾けよう、と決意したのです。

苦労の末、ようやく国会図書館や名古屋の高等検察庁に商品を納めます。

高等検察庁の職員から「最高裁でも使用できるのでは？」と、法務省への紹介も取り付けます。

そして、法務省に二十四台ものテープレコーダーを納めることになります。

おそらく、この時、国会図書館や高等検察庁といったモデルケースを最初に作り、市場を広げる醍醐味を味わったのでしょう。

さらに市場を広げるため、公的機関に限らず、一般向けのポータブルなものを開発しようと、盛田は井深に提案します。

すぐにポータブルな試作機を作り上げ、「普及型テープレコーダーH型」を完成させます。重量も十三キロとなり、持ち運びも容易となりました。

盛田は、本製品を普及させる最初のターゲットに学校を選びます。

ちょうどその時期、「放送音楽研究大会」が全国で開催されました。文部省とNHKが中心になって、学校放送のより良いやり方を教員に指導する趣旨のものです。

そして、この大会にデモンストレーション用の製品を惜しみなく貸し出すと、学校の需要が増え始めました。

さらに、全国の学校に力を持つ代理店が必要と考え、学校にピアノを納めていた日本楽器と販売提携を行います。

この提携が当たり、日本楽器を通じて、全国の学校に売れていきます。

ただ、学校にとっても初めての商品で、取り扱いも不慣れで心配な面があります。

そこで盛田は、技術者を巡回サービスに回すなど、アフターサービスにも力を入れます。学校の教師たちも、製品とサービスに満足します。そのうち、教師の間でも評判を呼び、日本楽器の販路と教師たちの口コミの二つのルートで、全国の学校にテープレコーダーが普及していきました。

成功のポイントはモデルケースを最初に作り、市場に広めていったことにあります。

それから約三十年後、SONYの代名詞となる「ウォークマン」が誕生します。

「こういうものを作ってくれ」と製品開発のアイデアを出したのは、七十歳を過ぎた井深。「これはイケる!」と商品化に熱中したのは六十歳に近い盛田でした。

子供たちが家に帰って真っ先にすることといえば、部屋のステレオのスイッチを入れること。

「若者と音楽のつながりを増やす、このウォークマンはきっと売れる」

そして、初代ウォークマンが完成しますが、予想に反して、発売当初はまったく売れませんでした。

初回生産の三万台に対して、一カ月で売れたのはその一割、たったの三千台。

盛田と井深が勇んで売り出した製品が、不良在庫の山となっていました。

この不良在庫を宝の山に変えたのも、モデルケース作りがきっかけなのです。

実は発売前から、このウォークマンには、否定的、悲観的な意見が世の大半を占めていたのです。

「再生専用機なんて聞いたことがない」

「録音機能が付いていないなんて」

「録音機能がついてないから絶対に売れませんよ」

新製品の発表を受けたマスコミの反応も冷ややかでした。新聞はほとんど無視、記事をのせたところはありましたが、読者の目にも入りづらい小さな記事で、無残なものでした。

そこで、宣伝部や営業部の若手のスタッフが、ウォークマンを付けて山手線の電車に乗って一日中電車の中を歩き回ったり、日曜日には新宿や銀座の歩行者天国で人目に触れるようにしたり。さらに、通りがかりの人にヘッドホンを差し出して、聴いてもらったりもしました。

ただ、このようなアピールでは、認知される人数もたかが知れています。

そこで、ターゲットとする若者に最も影響力がある有名人に目をつけます。

当時のアイドル歌手に、「使ってみてください」とウォークマンを渡し、はたらきかけます。

やがて、彼らが気に入り、ウォークマンを使っている姿が「明星」「平凡」「近代映画」など、当時の若者に人気があった芸能アイドル誌などに取り上げられます。

それらの雑誌を見た若者たちの目にも触れ、そこからあっという間に、口コミで評判が広がっていきます。それも驚異的なスピードで。

「こんな録音機能がないものは……」と否定的な意見が嘘のように、「早く、早く」と怒涛のように注文が舞い込みます。

そして、なんと発売の翌月には、初回生産の三万台を売り切ります。今度は生産が追いつかなくなり、品切れ店続出という状態が半年も続くことになりました。

生産台数は、第一号機発売から十年後（一九八九年六月）で累計五千万台を突破、十三年間で累計一億台を達成。そして、一九九五年度には、ついに生産累計一億五千万台に達しました。

発売当初は不良在庫の山だったウォークマンが一瞬で宝の山に変わったのも、若者に影響力のあるモデルケースを作り、市場に広めていったことにあるのです。

第二章

不良在庫の本質を見極めろ

なぜ？なぜ？なぜ？

前章では、五人の伝説のマーケッターと彼らの事例・マーケティング手法・考え方を紹介しました。

今度は、視点をあなたの会社にある「思ったより売れていない商品」や、余剰在庫、いわゆる不良在庫に移してみましょう。

注文を受けてから生産を行う「受注生産」や、注文を受けてから商品を仕入れる「受注仕入れ」形態ではなく、ある程度の見込み生産・見込み仕入れを行う一般的な会社には、不良在庫はつきることのない永遠の悩みといえます。

売れて売れて在庫がない商品がある一方、売れなくて在庫がたくさんある商品もあるというのは、どの会社でもよくあることです。

その要因は、

●売れると見込んで、見込み生産で作り過ぎた

●発売当初は売れていたが、だんだん注文が減っていた
●昔のお客さんが、ライバル会社に流れてしまった
など、いろいろ考えられるでしょう。

でも、これらの例は、不良在庫の本質ではありません。
では、不良在庫の本質とは何でしょう？
なぜ、在庫が過剰にあるのでしょう？
なぜ、売れて在庫がない商品もあるのに、その逆の商品もあるのでしょう？
なぜ、売れている商品を買うお客さんは、その逆の商品を買わないのでしょう？
なぜ、お客さんは売れていない商品より、売れている商品に注目するのでしょう？

このように、なぜ？なぜ？なぜ？を突き詰めていきます。
トヨタの「なぜを五回繰り返せ」は、カイゼン活動として有名です。
なぜ？なぜ？なぜ？なぜ？なぜ？と自問するのです。

すると、本質が見えてくるでしょう。

そうです！

不良在庫の本質は、一言でいうと、

「お客さんに、その商品の価値が伝わっていない」

に集約できるのです。

伝説のマーケッターとして紹介したSONYの盛田昭夫も、「画期的な商品を開発することと、その価値をわかる人を見つけること、その価値を人々にわからせることは、まったく同様に大事」だと最初に気づいたからこそ、SONYの発展がありました。

そもそも、お客さんに商品の価値を伝えるべき営業・販売員、あるいは企画担当者に、「その商品の価値が伝わっていない」ということもあるかもしれません。

なぜ、お客さんに商品の価値が伝わっていないのか？

考えられる要因はいくつも出てくるでしょう。それを一つずつ解消していくことが重要なのです。ただ、一つ解消して、小さな成果を収めても、そこで満足してはいけません。それは、一歩前進に過ぎません。なぜ？なぜ？なぜ？と自問を続け、一つずつ解消していくことが、より大きな前進・より大きな成果につながります。

おろそかになる価値の共有

あなたの会社では、社内関係者はもちろんのこと、お客さんとも、「各商品の価値の共有」はできていますか？

ここ数年内の新商品や、昔からのロングセラー商品など、一部の商品については、「商品価値の共有」はできているでしょう。

でも、正直言って、「思ったように売れない商品」や余剰在庫などの不良在庫となっている商品については、「商品価値の共有」がおろそかになっているのではないでしょうか？

この点に気づけば、宝の山を目の前にしたのと同じです。

対象とするお客さんを見定め、各商品がもっている「価値」をまとめましょう。

営業・販売・企画担当など、社内関係者と、「価値」を共有しましょう。

そして、お客さんと「価値」を共有しましょう。

共有の手段は文書でも、インターネットを通じてでもかまいません。

ただ、「価値」と一言でいっても、立場や受け取る人にとって異なります。

マーケティングにおける価値には、「機能的」（物理的な安全性）と「情緒的」（心理的な安心感）という二つの側面があります。

●機能的な側面＝購入者の物理的な安全性
商品の特徴・機能・性能・デザイン・品質・対象マーケット・利便性など（これらの情報は、たいてい製品の仕様書やカタログなどに記載されています）。

※機能的な側面は、購入者の購入判断が、「危険」でなく、「安全」と感じられる物理的なことを指しています。

●情緒的な側面＝購入者の心理的な安心感
商品へのこだわりや思い・販売実績・納入実績・活用実績・第三者の評判（メディア・権威・公的機関・お客さんなど）・限定感

※情緒的な側面は、購入者が商品を利用する際に、「不安」でなく、「安心」と感じられる心理的なことを指しています。

特に、販売実績・納入実績・活用実績・第三者の評判などの「実績」は、安心感を与えます。Ａｍａｚｏｎのレビューなども実績のアピールです。

あなたの会社で、「価値」は共有できていますか？

特に、不良在庫が多い商品は、機能的な価値（安全）は共有できているけれど、情緒的な価値（安心）は共有できていない、ということが多いのではないでしょうか？

口に出しては言いませんが、お客さんはたいていその部分を気にします。

お客さんの考え方に触れて、気持ちを思いやり、懐に入っていく。

お客さんの頭に額を近づけ、気持ちに寄り添うような感覚が必要です。

機能的な価値（安全）に加え、これまで伝えられていなかった情緒的な価値（安心）も伝える必要があります。

価値は出し惜しみせずに、余すことなく、しっかりと伝えます。

特に伝えるべきは、安心の「実績」です。実績がなく、期待だけでは、説得力に欠けてしまいます。

理想のお客さん・相性があうお客さんは誰か？

不良在庫の商品の「価値」を高め、社内関係者とその価値を共有できました。

次は、数多くいるお客さんの中から、どのお客さんに伝えていくか、を考えなくてはいけません。


優先順位付けのポイントは二つあります。

一つ目は、その商品の購入者としてふさわしい「理想のお客さん」。

二つ目は、会社や商品と「相性の良いお客さん」。

この二つのポイントが重なるお客さんがベストです。

伝説のマーケッターとして紹介したSONYの盛田昭夫も、この二つのポイントを押さえたモデルケースから、市場を広げました。


一つ目の「理想のお客さん」というのは、あなたの会社のすべてのお客さん、あるいはほとんどのお客さんにとって、お手本となりうる有名企業や有名人。

見込み客に「あの会社（人）が使っているなら、間違いないだろう」と思ってもらえるようなお客さんのことをいいます。

客層が多岐にわたる場合は、それぞれの分野ごとに、その分野の筆頭となる会社や人＝理想のお客さんが必要になってきます。

二つ目の「相性の良いお客さん」というのは、誰しも人間関係での相性があるように、お客さんとの相性の良し悪しもあります。

長年、ビジネスを続けてきて、小さくても何らかのトラブルがあるお客さんは、お手本にはしづらいもの。

見込み客にお手本として紹介したお客さんと、いつしかトラブルが起きてしまっては、好例にはなりません。


この二つのポイントが重なるお客さんに焦点をしぼって、好事例をつくりましょう。

ポータブル音楽プレーヤーを売りたいなら、理想のお客さんは若者に人気のアイドル、相性の良いお客さんは他社製品よりも自社製品を贔屓《ひいき》にしてくれる人です。

そして、その好事例を新たなる実績として、他のお客さんにも広めていきましょう。

客層が多岐にわたる場合は、それぞれの分野にわけていくと良いでしょう。

対象とするお客さんを見定め、商品の価値を洗い出し、出し惜しみせずに、しっかりとまとめてください。

そして、その価値を、理想のお客さん・相性の良いお客さんに伝えていきます。

好事例を他のお客さんに広めていきましょう。

値下げ前にやるべきこと

伝説のマーケッターとして紹介した本田宗一郎も、生前に語っていました。

「日本の場合、競争というと、すぐ価格競争、安売り競争になってしまうが、これは間違いだ。商品というのは、安ければ売れるというものではない。その品質に見合った価格ならば、いたずらに安くしなくても十分に売れていくものなのだ」（『俺の考え』本田宗一郎、新潮文庫より）

何の工夫もせず、営業マンが一生懸命に売りにいっても、他社の商品を買われてしまっては、売上はゼロ。これだと、一〇〇％のロスとなります。

それよりも、二〇～三〇％程度の割引をすれば、ロスは二〇～三〇％で済む……。

という考え方なのでしょうか？

昔も今も、世の中で売れている商品は、決して安いという理由だけで売れているのではありません。

この値下げの考え方は、とても危険です。

何度も取引していくうちに、割引が当たり前になっていきます。

その習慣を知ったお客さんは、決して定価で買おうとしません。

毎回、二〇〜三〇%のロスを生み、商品どころか、会社が危うくもなります。

まだやる仕事があるのに、値下げ競争にいくのは、順序が逆です。

何度も書いているように、対象とするお客さんを見定め、商品が持っている価値を余すことなくまとめ、その価値を、理想のお客さん・相性があうお客さんに伝え、好事例をつくり、他のお客さんにも広めていく。

これが、値下げをせずに商品を売る鉄則です。

安くすることを考える前に、商品がもっている価値を引き立て、高めていく。

他社の商品とは違う特徴・アピールポイントを打ち出す。それによって、購買層が増え、より多くのお客さんが買ってくれれば、不良在庫もなくなります。

そして、不良在庫が宝の山となる。

対象とするお客さんを見定め、商品の価値を余すことなく伝え、お客さんが買いやすくすることこそ、在庫削減・儲けにつながります。

もう一つ、昔は広告や販売促進など、物理的な制約から、会社や商品が対象とするマーケットが日本国内に限られることもありましたが、今やＷＥＢを通じて、世界に情報発信できます。

さらに、昨今では、日本企業の海外現地法人も、海外に移住する日本人も増えてきました。

日本語のみ対応の商品でも、海外の日本企業や日本人には受け入れられます。

現に、海外の日本企業や日本人から、ＷＥＢやメールを通じて、日本国内の会社に注文が入り、現地に発送する、という例も至るところで増えてきました。

例えば、日本の衣食住の各分野を挙げれば、

衣――着物・浴衣・草履

食――うどん・そば・ラーメン・お茶・日本酒

住――畳・お風呂・こたつ

このほか、鯉のぼり・雛人形・五月人形などの節句用品や、書道・武道などの道具品なども海外在住の日本人の需要が多い分野です。

個人向けでなく、法人向けの商品でも、国内で使用している製品を、海外法人にも導入するということは多くあります。

まして、すでに英語や各国語対応のマニュアルがある商品なら、世界の企業や人がお得意様ともなりえます。

アリババでは、対個人取引のBtoCに加え、対法人取引のBtoBも簡単にできるようになりました。

商品の価値を余すことなく世界に広めていったら、新たな可能性も広がります。視野を広くしましょう、世界は広いです。

この章では、あなたの会社にある不良在庫に焦点をあて、不良在庫の本質を見てきました。

不良在庫となっている商品の価値を高め、その価値をお客さんに伝えていきましょう。

なお、商品が持っている価値を誰にどのように伝えていくかは、売れ筋商品、通常商品、不良在庫品のいずれを問わず共通の進め方でうまくいきます。

そこで第三章から第五章では、在庫の多寡を問わず、商品の価値を広めていく方法を紹介します。

第三章

物流&販路を変えて在庫一掃

物流の三つのテーマ　何をセールスポイントとするか?

商品の価値を高めたら、その価値をどのように広めていくか考えましょう。

なお、価値を広めようとするとき、真っ先に「販路」に目がいく人が少なくないと思います。

しかしながら、販路拡大を図る前に、押さえておきたいものがあります。

それが、どの商品にも必ずといっていいほどついてまわる「物流」です。

昨今のデフレの中、物流は企業におけるコスト削減の切り札として、注目されています。

企業の売上高に対する物流コストの比率「売上高物流コスト比率」は、長期的に低下傾向にありますが、近年はおおむね五%弱の水準となっています（公益社団法人日本ロジスティクスシステム協会調査）。

年商百億円の企業であれば、およそ五億円の物流コストがかかっている、ということになります。その物流コストには、製品物流のほか、原材料の調達物流や、事業所内外の移動物流なども含まれます。

物流コストを下げるだけでなく、顧客・取引先への物流サービス品質も向上し、満足度向上につなげたい。

物流においては、「コスト」「品質」「納期」が永遠の取り組みテーマとなっています。

会社によって、この三つのどれを重視するかは異なりますが、これらはすべて、顧客満足度につながります。

顧客満足度向上および同業他社との差別化において、物流面で何をセールスポイントとするか？

例えば、ネット通販では、当日出荷をセールスポイントとする例が増えてきています。

同業他社で、当日出荷が当たり前となっていれば、「年中無休！　三六五日休まず当日出荷（年末年始休業を除く）」という手もあります。

一方で、オーダーメイド品や受発注商品など、当日出荷が不可能な場合には、格安送料をセールスポイントとする例も。

鮮度が重視される生鮮品や化学品などは、輸送品質に重点を置くでしょう。

また、アイアコッカのテレビコマーシャルの最後に表示していた満足保証、「車の買い手の権利宣言！　満足はあなたの権利です」

〝The Car Buyer's Bill of Rights. Satisfaction is your right.〟

にならって、一〇〇％満足保証をつける手もあります。

「商品・サービスに満足いかない場合は、返品ＯＫ！　返品の送料も当社で負担します」と、商品・サービスへの自信と満足保証をセールスポイントに加えたり。

取扱商品に変わりがなくとも、物流のアピールポイントを加えることで、付加価値を付けることができます。

あなたの会社で、顧客や取引先の満足度向上につながる要素は、何でしょうか？

もし、昔からの物流サービスを慣習で継続していたとしたら、この機会に、見直してみてはいかがでしょうか？

販路を変えてマーケット拡大～五つの販路～

販路の開拓、これは企業規模・業種・業態を問わず、企業がやり続けなくてはならない重要テーマの一つです。

いかなる企業でも、現在の顧客・取引先が数年・数十年先も、変わらずに残っている、という保証はありません。三十年前の顧客・取引先が全く変わらずに残っているということは、まずないと言っていいでしょう。

さらに、昨今のデフレ不況によって、大企業を除く中堅企業・中小企業など、最盛期に比べ、売上二～三割減とか半減というケースさえ出てきています。

このような売上減や取引先減少分を販路の開拓でカバーできるかどうかが、今、問われています。それ次第では、会社の存続も危うくなりかねません。

それでは、どのように販路の開拓を行っていけば良いのでしょうか？

大きくわけて、五つの販路があります。

①直接販売（訪問販売や人脈を通じての紹介販売、テレマーケティングも含まれま

す）

②代理店・取次店販売（バイヤーを通じての販売も含まれます）
③店頭販売（お客さんの来店販売）
④展示販売（展示会やセミナーでの展示販売）
⑤通信販売（ＦＡＸ・ＤＭ・カタログ・チラシ・ＷＥＢ等の媒体を通じての販売）

販路の開拓は、【商品の価値提案】と【販売チャネル】のセットで行います。

「第二章　不良在庫の本質を見極めろ」で、商品価値を高め、その価値を余すことなくお客さんに伝えることの重要性をお伝えしました。

自社商品の強みは何か、何をウリに訴求していけば良いかを、再認識した上で、販路の開拓を行っていきます。

自社の強みを認識し、それが活かせる販路を見つけていきましょう。これが、販路の開拓を成功に導く定石です。

それでは、自社商品の強みを意識しながら、五つの販路を見ていきましょう。

最も効果的な直接販売の手法とは?

営業を通じての販売や、訪問販売、人脈を通じての紹介販売、テレマーケティングでの販売など、直接顧客に商品を販売します。

直接販売で販路を開拓するのに、最も効果的なのが、人脈を通じての紹介販売。紹介販売で一番重要なポイント。それは、対象とする顧客の分野で、影響力のある立場の会社・人からの紹介を得ることです。

例えば、自動車メーカー・自動車関連会社を対象とした電気製品があったとします。大手自動車メーカーの本社工場への導入実績があれば、その担当者に、製品が役立つ可能性がありそうな工場・研究所の紹介を依頼します。

紹介先も、本社工場での実績があれば、製品の価値も高く、安全・安心で検討しやすいと思うでしょう。

そして、本社工場に加え、A工場でも実績を作れば、B工場・C工場・D研究所など、工場・研究所への展開もしやすくなります。

工場・研究所の担当者には、グループの自動車関連会社の紹介を依頼します。本社工場・各工場・研究所での実績を積み上げれば、グループ各社への導入もスムーズに運びます。

このように、影響力のある立場の会社・人からの紹介を得ていくことが、紹介販売の王道です。

なお、顧客からの紹介に際して、忘れてほしくないことがあります。

それは、どのように紹介いただいたかを、紹介元・紹介先の双方から、しっかりと聞くこと。

どの点を評価されて紹介いただけたのか、その内容を知らずに、営業提案・契約調整をしてうまくいく場合もあります。

しかし、契約・納品後、その評価ポイントを外してしまうと、後になって双方に迷惑を掛けてしまうことになりかねません。

誰も後悔しないために、紹介される際に評価いただいたポイントを漏らさずに聞くことが重要です。

「どのように私どものことをご紹介いただいたのですか？　ご期待を損ねることなく、ご期待を超えたいと思っていますので、ぜひ詳しくお聞かせください」

このように紹介元の顧客と紹介先の顧客、必ず双方に聞いて、思い違いがないことをしっかりと確かめましょう。

ときには、自分たちが認識していない点を評価してもらっていたり、どういう点を気にしているかがわかったり、と思わぬ掘り出し物の話が出てくるかもしれません。

顧客からの紹介話は、評価されているポイントを押さえておけば双方の顧客とも末永い関係を築きやすく、さらに、それまで気づかなかった評価ポイントに気づくチャンスとも出会える、ネタの宝庫と言っても良いでしょう。

また、一件の顧客紹介の情報を詳しく聞きだすことで、次の他のお客さんからの顧客紹介にもつなげやすくなります。

「Aというお客さんには、こういう点を評価いただいて、Bさんに紹介いただきました。それまで他の製品を使っていたBさんも、私どもの製品に代えてご満足いただいています」

「Cさんは、どういう点を評価いただいていますか？」

「Cさんのお知り合いで、その点にご満足いただけそうな方はいらっしゃいますか？」

というように。

紹介元との信頼関係がしっかりできていると、紹介先との信頼関係も築きやすくなります。

紹介販売にあたり、既存顧客との信頼関係をしっかり築いておくことは、いうまでもありません。

その上で、紹介販売を積極的に進めると良いでしょう。

代理店・取次店販売の強み

代理店・取次店、あるいはバイヤーを通じての販売は、自社ではリーチできない顧客にアプローチできます。

ただ、卸価格で提供したり、販売手数料を支払うなど、利益率は低くなるというデメリットがあります。

例えば、大手メーカーにＯＥＭ供給（相手先のブランドで製品を製造供給すること）している会社が、自社のブランド力強化のため、コンシューマ（消費者）向けの斬新で目新しい新商品を開発したとします。

自社でホームページを立ち上げ、インターネット広告や検索広告（検索連動型広告）をうっても、消費者にとっては無名の会社で商品の販売実績もなくては売れません。

そこで、代理店・取次店の販売ルートを模索します。

この場合、量販店や百貨店のルートより、斬新で目新しい商品の価値を理解して売ってくれそうな、東急ハンズ・LOFT・ヴィレッジヴァンガードのようなこだわりのあるお店のルートの方が良いでしょう。

これらのこだわりのあるお店は、世の中にあまり知られていないニッチな商品に興味を持っていますし、商品の価値を引き出してくれます。

そして何より、これらのお店に来るお客さんも、ニッチな商品に興味を持っています。

代理店・取次店の先には、そこを贔屓にしているお客さんもいます。

お店とお客さんの嗜好性と商品がマッチしているかを判断していけば、成功率は高まります。

店頭販売の五つのポイント

自社の直営店・外部の販売店などの店舗で販売する店頭販売において、重要な要素は五つあります。

①商品陳列（ＰＯＰ含む）
②接客力
③伝達力
④提案力
⑤マナー

このうち、商品提供者側がカバーできるのは、商品陳列と伝達力・提案力。接客力・マナーは、店舗運営者側に委ねざるをえません。

当然ですが、店舗運営者は、売れている商品・売れる可能性を感じる商品、つまり、儲かる商品を、良い場所に陳列します。

商品陳列は、見やすく、選びやすく、手に取りやすい、が基本です。

お客さんの腰から肩の高さが、最も商品が目につきやすく、手に取りやすい位置。一般的には床から六十〜百五十センチの高さが、ゴールデンゾーンと呼ばれる、最も販売力の高いスペースです。

このゴールデンゾーンに、売り出したい商品を陳列してもらうには、売れる可能性を感じる商品に仕立てなくてはなりません。

商品をそのまま納めるだけではNGです。

最も効果的なのは、そのお店を贔屓にしているお客さんを把握し、そのお客さんに向けたPOPを作り、商品とともに納めること。

納品時に、店舗の担当者に、商品とPOPの意図を説明すると、さらに良いでしょう。

お店を贔屓にしているお客さんに向けたPOPを用意して、店舗担当者に商品の価値を理解してもらうこと、これで、商品陳列・伝達力・提案力をカバーできます。

誰でも知っている商品なら、POPを作らずとも、価値提案だけで済むこともあります。

例えば、スーパーで、鍋スープの横で野菜や豆腐を売っているのを見たことはありますか？

これは、野菜や豆腐の鍋の具材としての顧客への提案です。

誰もが知っている商品なら、このような利用シーンの提案というのも良いでしょう。

また、時期によっては、店舗のバーゲンに協力するのも手です。

アメリカのブラックフライデー（感謝祭の翌日の金曜日。一年で最も買い物が多いクリスマス商戦の開始の日）、バックトゥースクール（長い夏休みが終わり、新学期の準備が大詰めの時期に開催される、主に学生向けの文房具・日用品のセール）、クリスマス商戦、ヨーロッパ各国の夏冬のバーゲンセール（政府が決めた日程で一斉スタート）、中国の春節、日本の年末商戦など。

これらの時期に、広告宣伝費の代わりに、不良在庫を安い価格でお店に提供している例も少なくありません。

年数回のとても売れる時期に商品を提供し、バーゲンの成功で実績をあげれば、バイヤーとより良い関係ができ、信頼関係も生まれやすくなります。

そして、バーゲンが終わった後、通常価格に戻して、お店の定番商品（定番ブランド）として取り扱ってもらうように、はたらきかけられます。

展示販売の使い方

商材によっては、展示会・展示販売会で新商品や売れ筋商品を展示し、デモンストレーションを行って、見込み客を集め、商談を行う方法もあります。

見ればわかる商品であればデモンストレーションが最適ですが、見ただけではわかりづらい課題解決型の商品には、セミナーの方が好ましいこともあります。

特にBtoBの場合、業界が主催する大規模な展示会は、来場者も多く見込み客も集めやすい、というメリットがあります。

規模の大きなものとなると、展示会のだいぶ前から、会社や事業部をあげて準備を行い、多くの予算と多くの人的資源が展示会に投入されます。

しかしながら、出展者も多く、来場者の目的が情報収集だけだったりすることもあり、取引につながる割合は数％と低い、というデメリットもあります。

二〜三十年前に比べ、デフレの影響もあるでしょうか、展示会来場者の成約率は低下傾向にあるようです。

成約率低下のもう一つの理由として、インターネットの普及が挙げられます。

年々、企業ホームページの質も良くなり、テキスト・写真・動画と、リッチな情報を提供している例が増えてきました。

お客さんの立場からすると、わざわざ展示会まで足を運ばなくても、インターネットで同様、あるいはそれ以上の情報が入手できます。

このように考えると、展示会では、パンフレットやホームページでは知りえない情報、つまり、なんらかの課題解決方法がわかるセミナーを主体とした方が良いということになります。

そして、ホームページの情報を充実させて、より多くの商品情報を知りたい人のニーズに応えます。展示会でのデモンストレーションなどの映像は、動画をホームページに掲載すると、より多くの見込み客に訴求できます（ＹｏｕＴｕｂｅ動画に掲載すれば、さらに多くの見込み客に訴求できます）。

もちろん、新商品の情報だけでなく、（あるいは、お客さんも存在を知らない）不良在庫の商品についても、その価値を詳しくホームページに掲載します。

課題解決方法をセミナーで教え、その分野の専門家として参加者の先生になれば、先生が提案する商品を、生徒である参加者は受け入れやすくもなります。

そのためセミナー講師は、外部講師でなく、顧客接点を持ち、顧客の先生にふさわしい社内の人材が適任です。

通信販売での販路拡大方法

店舗ではなく、FAX・ダイレクトメール・カタログ・WEB・メールなどのメディアを利用して商品を展示し、消費者から通信手段で注文を受け、商品を販売する方法です。

インターネットの普及にともない、「通信販売」（あるいは「通販」）といえば、もっぱらWEBサイトによるものを指すことがあります。

法人向けのBtoBでは、FAX・ダイレクトメール・カタログを利用した通信販売を行っている企業も多くあります。

ただ、これらのメディアでは、伝えられる情報の質・量ともに限りがあります。

そこで、本書では、どの業界・企業でも取り組みやすいＷＥＢとメールを利用したインターネット通販での販路拡大方法について、次に紹介します。

法人向けＢtoＢの場合

前段の展示販売でもお伝えしましたが、展示会での成約率の低下要因としては、デフレとともに、インターネットの普及が挙げられます。

わざわざ展示会まで足を運ばなくても、インターネットで同様、あるいはそれ以上の情報が入手できます。

昔のように、電話で会社に問い合わせなくても、欲しい情報はほとんど得られます。

あなたの会社のホームページは、お客さんが必要とする情報を余すことなく提供していますか？

ホームページを開設した当初のまま、あるいは、リニューアルを行った時のまま、ということになっていないでしょうか？

企業によって事情は異なるのでしょうが、大企業になるほどホームページ専属の担当部署が多く、概ね年商一千億円以下の企業は、広報や情報システム部門や企画室などで、全社のホームページを担当しているケースが多いようです。

このような場合、事業部内の全商品の情報をとりまとめ、担当部門にホームページへの掲載を依頼するのは、よほどの社内調整を行わない限り、無理があります。

一昔前までは、ホームページは会社に一つというのが一般的でした。

今は、会社のホームページとは別に、事業部別・部門別・支店別に、複数のホームページを持つ企業が増えています。

例えば、会社ホームページとは別に、人事部門がリクルートサイトを、営業部門が製品情報サイトを立ち上げたりしています。

このような部門別のサイトを立ち上げることが容易になった背景には、ワードプレスなどのＣＭＳ（コンテンツ・マネジメント・システム）の普及があります。

ワードプレスは、オープンソースのＣＭＳプラットフォームで、スマホの対応はもちろん、思い通りにカスタマイズできます。しかも、料金も無料ということで、日本のみならず世界中で圧倒的な支持を集めています。

ＷＥＢの専門スキルがない現場の人でも、簡単に自分でホームページの更新ができます。

そのため、現場のニーズに対応した更新ツールとして、ＣＭＳを利用した部門別のサイトを開設する企業が増えたのです。

また、部門別サイトは、会社ホームページに比べ、タイムリーな情報更新が可能で、必要に応じて都度更新できます。

このようなＣＭＳを利用して、事業部のホームページを立ち上げ、全商品の情報とそれぞれの商品の価値を余すことなく掲載していけば、売れ筋商品はもちろん、不良在庫となっている商品もＷＥＢを介して見込み客に伝えることができます。

サイト構築の際の基本的なポイントは、ページタイトルを各ページの内容に関連付け、一般の人が検索しやすい名称にすること。そして、サイト内のすべてのページタイトルを重複のないユニークな名称とすることです（ページタイトルは、ブラウザの最上部やブックマーク、Ｇｏｏｇｌｅなどの検索エンジンの検索結果に表示されるもので、とっても重要な役目を果たします）。

そして、部門ごと、あるいは営業担当者ごとに、取引先のメールアドレスを蓄積していれば、部門サイトの開設時に、メールで取引先におすすめ情報を案内します。

各商品について、「詳しくはホームページをご覧ください」とします。

そして、取引先の顧客の意見を伺いながら、ホームページの情報を更新します。ホームページの情報を更新しながら、伝えたい情報があった時に、月一回でも取引先顧客とメールでコンタクトを取り、都度ホームページに誘導していきます。

これを継続していくと、既存顧客のリピート促進も容易になります。

そして何より、インターネットを通じたリピート促進は、訪問・電話・ＤＭ等のオフラインの活動に比べ、コストも時間もかからず、顧客の反応も早く、費用対効果も高い点が優れています。

また、アクセス解析ツールのＧｏｏｇｌｅアナリティクスなどを利用すれば、サイトへの来訪者の動向を確認でき、課題や施策も見出しやすくなります。

今や、ＢtoＢでも、即効性と費用対効果に優れたインターネットの活用は不可欠です。

個人向けBtoCの場合

インターネットの普及や「素ごもり消費」の高まりなどを背景に、インターネット市場は、年々拡大傾向にあります。

コンシューマ（消費者）向けのＢtoＣでのインターネット通販も、今や多くの人の生活に欠かせないものとなってきました。

楽天市場・Ａｍａｚｏｎ・ヤフーショッピング・ＬＩＮＥモールなどのショッピングモール、ショップサーブ・カラーミーショップ・フューチャーショップなどの独自店用通販システムを利用すれば、誰でもネット通販サイトを持つことができます。

ただし、BtoCのネット通販は競合も多く、よほど独自性の高いオンリーワンの商品でない限り、BtoBに比べ利益率は低くなってしまいます。もしこれから始めるなら、ネット上にあまたある商品の中で、同業他社より優れた自社の独自性をアピールできるか、これにかかっていると言っても言い過ぎではありません。

「第二章　不良在庫の本質を見極めろ」の中で、

「対象とするお客さんを見定め、商品の価値を洗い出し、出し惜しみせずに、しっかりとまとめる。そして、その価値を、理想のお客さん・相性の良いお客さんに伝える」とお伝えしましたが、ネット通販でも考え方は同じです。

なお、もしこれまでの商売で、お客さんの名前・住所・電話番号・メールアドレスなどを蓄積しているのであれば、これから通販サイトを開設しても、既存のお客さん向けにメール（あるいは郵便物）で案内することで、贔屓客をさらに増やしていくことはできます。

ネット通販の特性として、既存顧客のリピート促進がしやすい、ということがあります。

カタログ通販やダイレクトメールでのリピート促進は、制作・印刷・配送など相応のコストがかかり、場合によっては、費用対効果上、赤字になってしまうこともありえます。

一方、ネット通販でのメールマガジンを介したリピート促進は、原稿制作を自社で行えば、配信コストもかからず、ほぼ無料でできてしまいます。

まだネット通販を行っていなくて、不良在庫がたくさんある場合、自社のお客さんに近い顧客リストを持っている会社に商品を提供するという手もあります。

本章の店頭販売のところで紹介した方法と同様に、ネット通販でも夏冬のバーゲンセールなど、たくさん売れる時期に商品を提供し、バーゲンの成功で実績をあげれば、その会社ともより良い関係ができ、信頼関係も生まれやすくなります。

Amazonの場合

第一章の中で、伝説のマーケッターとして紹介したジェフ・ベゾス率いるAmazonを例に紹介します。

インターネット上のオンライン書店から、エブリシング・ストアに向かっているAmazonの販路も、インターネットという媒体販売にはとどまりません。

日本全国のコンビニエンスストアを通じて、「Amazonギフト券」を販売しています。

「Amazonギフト券」は、図書券や百貨店ギフトカードのAmazon版で、Amazonの一億種類を超える取扱商品の購入に利用可能な電子ギフト券です。

中高生や大学生などへのちょっとしたプレゼントや、自身の買い物用に、身近なコンビニで買えるという手軽さがウケています。

コンビニエンスストアを通じたルートは、中高生・大学生・主婦・会社員へのリーチに効果を発揮しています。

さらに、法人向けのギフト用途に対応する「Ａｍａｚｏｎギフト券」は、法人営業部門での直接販売のほか、セミナー開催によって販路を作っています。

販売促進・入会促進などのキャンペーンのインセンティブ、アンケートの謝礼、ポイントプログラムの交換アイテム、従業員への社内報奨・福利厚生、社内外の記念品・お土産品などに利用されています。

法人向けのギフトは、贈られた人がギフト券を利用し、Ａｍａｚｏｎへの顧客誘導をスムーズにする、紹介ツールの役目も果たしています。


もう一つ、Ａｍａｚｏｎは電子書籍リーダーのキンドルの売上を伸ばすために大手書店や家電量販店の販路を設けています。

ギフト券は、中高生・大学生・主婦・会社員など、Ａｍａｚｏｎへの入り口商品としてコンビニエンスストアで。

法人向けギフト券は、個別営業及びセミナー開催を通じて。

電子書籍リーダーのキンドルは、たくさん本を読む経営者・会社員のリピート商品として、大手書店や家電量販店とさまざまな販路を設けて販売拡大を図っています。

不良在庫を宝の山に変える【商品の価値提案】と【販売チャネル】の選定のお手本といえます。

この章では、価値を広めるのに重要な物流のセールスポイントと販路拡大のポイントをお伝えしました。

ただ、物流のセールスポイントも販路も、そもそも顧客のターゲット設定がミスマッチだと、トンチンカンなものとなってしまいます。

そこで、次の章では、顧客ターゲットについて紹介します。

第四章

ターゲットを変えて不良在庫を宝の山にする

ターゲットを変えて大ヒットした商品

前章までで、不良在庫となっている商品の価値、物流のセールスポイント、販路拡大において重要な五つの販路についてお伝えしました。

ただ、下手な鉄砲も数撃ちゃ当たる方式で販路拡大を図ろうとするのは、非効率極まりません。

ここで重要となるのが、誰に商品の価値を伝えていくかという顧客のターゲット選定です。

代表例として有名なのが、エスエス製薬の「ハイチオールC」。

当初、ハイチオールCは中高年の男性をターゲットに、「二日酔いに効くクスリ」として発売されました。

その狙いは当たったのですが、新たな問題が浮き彫りになります。

「中高年男性の二日酔い対策」としている限り、マーケットの規模は限られる、ということでした。

そこで、市場調査を行ってみると、意外なことがわかりました。

「シミ・ソバカスに効く」ということで、多くの女性に飲まれていたのです。

ハイチオールCの主成分「L-システイン」は、アルコールを無害な物質に変える解毒効果だけでなく、シミ・ソバカスの原因となる過剰なメラニンを生成抑制、無色化、排出する効果もあったのです。

そこで、エスエス製薬は、ターゲットを中高年男性から女性にシフトしました。

商品パッケージや広告も、女性ウケするものに変更しました。

さらに販路も、それまでの薬局・ドラッグストアに加え、化粧品販売店など、女性がよく立ち寄るお店を開拓しました。

商品自体は基本的に変えず、その価値のアピールポイントを「二日酔い」から「シミ・ソバカス」にシフトしたことによって、商品パッケージ・広告を見直し、新たな販路を開拓できたのです。

最初の顧客ターゲットは、三角形の頂点を狙え

「第三章　物流&販路を変えて在庫一掃」の中で、「紹介販売で一番重要なポイント。それは、対象とする顧客の分野で、影響力のある立場の会社・人からの紹介を得ること」とお伝えしました。

これは、ターゲット選定の際にも、とっても重要な視点です。

対象とする市場を三角形とすると、その中でモデルケースとなりうる影響力のある頂点の顧客を狙え、ということです。

できる営業マンほど、商品が対象とする業界トップ企業を狙い、そこで実績を作りながら、顧客企業が影響力を持つ関係会社・取引先に、紹介・紹介で、ビジネスを広げていきます。

伝説のマーケッター、SONYの盛田昭夫もモデルケースとなるターゲットを選んで、市場を広げてきました。

対象とする業界が幅広い場合には、それぞれの業界を見極め、マーケット規模が大

きな業界を狙ったり、業界トップに入り込める可能性が高いところを狙ったり。

逆に、営業経験も少なく、中途半端な営業マンほど、自分にあったそこそこの企業にアプローチします。

そこそこの会社は、影響力を持つ関係会社や取引先も少なく、紹介を得ても、尻すぼみです。

その後、広告を打つにしても、セールストークにしても、第三者への影響力の少ないそこそこの会社の利用実績では、アピール要素にもなりません。

一方、第三者への影響力の強いトップ企業の実績を作れば、(相手先の了解を得る必要はありますが)広告でも、セールストークでも、信頼性の高いアピール要素になります。そして、どんどん顧客が増えていきます。

最初の顧客ターゲットは、三角形の頂点の業界トップを狙う。できる営業マンにならいましょう。

これまでのお客さんの下を狙え

すでに、対象とする業界内に顧客がいる場合、それが業界トップであっても、なくとも、販路を広げる方法はあります。

それは、これまでのお客さんの下を狙うこと。

これまでのお客さんが、業界内の上位企業の場合は中位企業、中位企業の場合は下位企業という具合です。当然、業界の上位企業と取引のある業界を対象とする方が、中位企業と取引のある業界より、営業効率は高くなります。

業界を絞った方が良いのは、業界を絞ることで、その業界特有の業務や課題などの情報に触れることができ、新たな付加価値も付けやすくなるからです。

これまでのお客さんの下を狙う際に、自社で営業・広告・販促を行うほか、その業界に強い代理店・取次店にアプローチするという手もあります。コンシューマ（消費者）向けの商品の場合は、これまでのお客さんの次の世代や予備軍を狙います。

世代は、四十代の部長クラスが顧客の大半であれば、三十代の課長クラスを対象に。
二十代中盤の社会人が顧客の大半なら、二十代前半の新入社員向けに。
予備軍は、経営者が顧客の大半なら、経営者予備軍の役員・部長や起業家を対象に。
起業家が大半なら、起業家予備軍向けに。
専門家・マニアが大半なら、一般向けに。……という具合です。
このように、これまでのお客さんの下を狙えば、マーケットは広がっていきます。

B to CからB to Bへ

B to C（消費者向け）の販売で同業他社との競争が激しい場合、B to B（業務用）へターゲットを変えるのも手です。
業務用の販路の開拓は必要となりますが、取引相手にあった付加価値を付ければ、価格も高く、量も多く売れます。当然、利益率も高くなります。

業務用商品としての差別化の方法を紹介します。

○商品の品質レベルを引き上げる

○商品テストの強化などにより、耐久時間の延長・不良率の低減を図る

○アフターサービスや保証・アクセサリーを付加するなど、業務用商品に変える

○ソフトウェア・コンテンツの追加などで商品性を変える

（USBメモリに、映画などの動画コンテンツをプリインストールするなど）

BtoCのビジネスで業務用に販路を開拓する場合も、三角形の頂点にある誰もが知っている企業であればあるほど、その業界内への新たな販路の開拓もしやすくなります。

さらに、誰もが知っている企業向けに、業務用商品の販売実績を積めば、BtoCの販売にも効果を発揮します。

「あのブランドでも使われているから」と、コンシューマに安心のブランドとしてのイメージを植え付けられます。

そして何より、BtoBの方が、BtoCより、売上も利益も上げやすくなります。

国内販売から海外販売へ

一九九〇年代以降のデフレの中、日本国内のあらゆる業種で、海外進出が進んでいます。

世界各国、大半の国に日本企業が進出、海外に駐在・在住する日本人も増えています。

海外進出企業がすべて現地調達で賄うことは稀でしょうし、海外在住の日本人も同様です。

取引先企業が海外進出していれば、現地担当者を紹介してもらい、コンタクトをとってみましょう。

さらに、日本のみならず世界各国でインターネット通販が普及した今、対個人取引のBtoCでも、対法人取引のBtoBでも、インターネットを通じての販売・取引が可能です。

海外といえども、日本人向けであれば、日本語サイトで対応できます。

実際、日本ならではの伝統工芸品・食品・専門用品など、海外在住の日本人がネットで買い物をする例は至るところで増えています。

また、海外通販・海外販売のネックであった「言語」・「決済」・「配送」をワンストップで提供するサービスも出てきています（相手先国・商品・金額によって、関税等諸費用がかかる場合があります）。

※参考
○ワンストップサービス
楽天海外販売・みらいカート（ＢtoＣ）・アリババドットコム（ＢtoＢ）など
○カート・決済システム
Ａｍａｚｏｎ海外・ｅＢａｙ・マルチリンガルカート・ＰａｙＰａｌウェブペイメント・タオバオなど

すでに外国語対応のパンフレットやマニュアルがある商品はもちろんのこと、海外での需要が見込める商品は、ネットを通じての海外販売を検討する価値があります。

海外進出の模範となる事例

第一章の中で、伝説のマーケッターとして紹介した本田宗一郎が創業、一代で戦後を代表する世界企業となったＨＯＮＤＡを例に解説します。

単に商品を製造・販売するだけではなく、現地に根付くＨＯＮＤＡの海外での取り組みは、世界展開を図ろうとする企業にとって模範となります。

世界中を見渡して、予想以上に二輪車バイクが普及している国というと、東南アジアのタイとベトナムが挙げられます。

タイ国内の二輪車バイクのＨＯＮＤＡの市場シェアは七四・五％（二〇一三年）。

ベトナムの二輪車バイクのＨＯＮＤＡの市場シェアは六九％（二〇一三年）。

なお、二〇一三～二〇一四年（平成二十五～二十六年）の日本の二輪車バイク業界のシェアをみると、HONDAは、ヤマハ・カワサキ・スズキを抑え、売上高シェア五〇％を超えていますが、タイ・ベトナム両国のシェアはそれを大幅に上回っています（各社有価証券報告書より）。

ここまで支持を集める背景には、HONDAの現地法人が取り組んでいる安全運転普及活動があるといっても良いでしょう。

タイは、東南アジア諸国の中でも、いち早くモータリゼーションが進み、バイクの爆発的な普及に続き、都市部を中心にクルマの普及も急ピッチで進みました。加えて、バイクに人を乗せて走るオートバイタクシーなど、タイ独特の乗物も広く普及し、バンコクなどの都市部では、渋滞が深刻な問題となっています。

交通事故も頻繁に発生し、交通事故死者数も年間約一万人と多くなっています。

このような状況のなか、タイでは、HONDAの二輪販売会社が、地域の交通安全教育の担い手となっています。

ＨＯＮＤＡユーザー向けの店頭アドバイスや、実践的な乗り方指導を徹底させているのはもちろん、地域住民のための安全イベントを開催したり、企業や団体、子供たちへの普及、また、指導員の養成も積極的に展開しています。こうして、販売会社自身が自律的に安全普及に携わることにより、活動がしっかりと定着しています。

どんなバイクも「ＨＯＮＤＡ」と呼ばれていた時期があるほどのベトナムでも同様です。ベトナムを訪れてまず驚くのは、そのバイクの多さでしょう。

市民の足として、通勤・通学・業務などに頻繁に使われており、朝夕のピーク時には、まるで川のようにおびただしい数のバイクが街中を流れています。

また、近年はクルマの保有台数も増え始め、道路は「超」混合交通の様相を呈しています。

そのため、交通安全の普及はベトナムにおいて、大きな社会的課題の一つとなっています。

近年は交通事故死者数が、年間約一万一千人と、タイを上回る状況です。

このような状況のなか、ベトナムにおける安全運転普及の主役を担っているのも、HONDAの二輪販売店です。

全国で約六百店を展開する中、各店ですべてのお客さんを対象に、納車前安全アドバイスとライディングトレーナー体験による啓発を実施。その実施率は九八％（二〇一一年）と、きわめて高い数字となっています。

さらに、お客さんだけでなく、子供から大人まで、地域の人々を対象に、各種トレーニングイベントを実施。こうしたイベントは、これまでに全国で六百六十回以上開催され、参加者は延べ十三万五千人以上、これらは国内のすべての省で展開されています。


こういったお客さんの先々を思いやり、現地の国・市民・地域に根差した活動を含めたHONDAの海外での取り組みは、世界展開を図ろうとする企業にとって、模範となります。

海外進出によって不良在庫を宝の山に変えるためにも、参考としたい事例です。

この章では、商品の価値を伝える顧客ターゲットを変えて不良在庫を宝の山に変える方法をお伝えしました。

顧客ターゲットを設定し販路を決めたら、次は、商品の価値をどのように広告で広めていくかにかかっています。

そこで、次の章では、広告を変えて大ヒットした事例や広告表現、さらに広告の落とし穴を紹介します。

第五章

広告を変えて大ヒット

広告ターゲットを変える

前章までで、商品の価値、物流と販路拡大のポイント、顧客ターゲットについて見てきました。

商品の価値をまとめ、物流のセールスポイント、販路、そして顧客ターゲットを決めたら、いよいよ広告などを通じての販売促進です。

ただ、昔に比べ、私たちが普段目にする広告も格段に増えています。他の広告に埋もれずに、同業他社との差別化を図ることも重要な要素です。

この章では、広告を変えて大ヒットした事例や広告表現、さらに広告の落とし穴を紹介します。

コクヨグループのステーショナリー事業を担うコクヨS&Tの社員の声から生まれた商品で、太芯シャープペンシルの「キャンパスジュニアペンシル」というものがあります。

コクヨは、言わずと知れた文具・オフィス家具メーカーです。

きっかけは、子供をもつ社員同士の会話でした。

「学校ではシャープペンシルが禁止されているから鉛筆を使っているけど、家や塾だとシャープペンシルを使っている。鉛筆の良さとシャープペンシルの良さがひとつになったものがあればいいのにね」（『あのヒット商品はこうして生まれた！』エスプレ、汐文社より）

家や塾で勉強する時、鉛筆でなくシャープペンシルを使うと、子供には力加減が難しくて、すぐに芯が折れてしまいます。また、シャープペンシルでは、漢字のトメ・ハネ・ハライがきちんと書けません。さらに、先がとがっているから危ない、折れた芯が床に落ちて、床を汚してしまう……といった短所があります。シャープペンシルの短所をなくして、削る必要がなく、繰り返し使えるものはできないだろうか？

こうして、鉛筆とシャープペンシルのよいとこ取りの、小学生のための新しい筆記具「キャンパスジュニアペンシル」が生まれました（二〇一一年一月）。

元々は、小学館の『小学一年生準備号』の付録として考案されたそうですが、小学生全学年に需要があるだろう、ということで商品化されました。

キャンパスジュニアペンシルは、六角軸の鉛筆と似たような形状、正しい持ち方が身につきながら、強度が高い太い芯で、力を入れて字を書いても芯が折れません。

さらに、小学生の九八％が赤色筆記具を使用していることがわかり、「キャンパスジュニアペンシル（赤芯）」も生まれました（二〇一一年八月）。

発売してみると、小学生向けの商品ですが、小学生だけでなく、中学生からビジネスマン、主婦、シニアに至るまで幅広いユーザーから、書き心地について高い評価を得ます。これらの評価とともに、大人向けデザインのものも作ってほしいという要望もあり、大人向けのシックなカラーデザインの商品も開発します。

キャンパスジュニアペンシルは子供向けの商品名のため、大人向けは、「鉛筆シャープ」と商品名を変えて発売しました（二〇一二年二月）。

そして、鉛筆シャープを、ビジネス雑誌の手帳術特集の号に付録として付けたところ、大好評。手帳書きのほか、イラストやデッサン、マークシートの塗りつぶし、クロスワードパズルの書き込みなど、さまざまな用途で好評を得ます。

こうして、キャンパスジュニアペンシル発売以来、累計販売数二百六十万本を突破する大ヒット商品となっています（二〇一四年十一月末現在）。

広告表現を変える

一九九〇年代から現在に至るまで、日本の名目GDP（国内総生産）は五百兆円から四百七十～四百八十兆円と低下傾向にある一方、国内の広告費は、インターネット広告の増加とともに、四兆円台から約六兆円（出展　電通）と拡大しています。

同様に、広告にたずさわる業務活動を指数化した広告業活動指数（出展　経済産業省）も上昇傾向にあります。

つまり、GDPより広告費・広告活動の拡大スピードの方が速く、「広告の費用対効果が落ちている」と言っても過言ではないでしょう。

これは、インターネット広告の増加とともに、日々目にする広告が、昔に比べ格段に増えていることからも納得できます。

このような状況の中、値段が安いわけでもない高単価の商品や、一言では説明しづらい商品でも効果をあげている広告表現方法があります。

その代表的なものが「顧客事例広告」です。納入事例広告・ユーザー事例広告、インタビュー広告あるいは単に事例広告ともいいます。

顧客事例広告とは、簡単にいうと、自社の顧客へのインタビューを、写真とインタビュー文にまとめた販促物をいいます。

見込み客にとっては同じ顧客の立場の情報が得られ、商品やサービスを疑似的に体験しているような感覚を覚えますので、企業にとっては顧客化もしやすくなります。

この広告を新聞・雑誌などに掲載すると、見る人によっては、すぐに広告とは思われず、特集記事なのかと素敵な勘違いをされることもあります。

また、顧客インタビュー時に、自社では気づいていない商品の価値を、第三者の言葉で、利用者の立場で語ってもらえることもあり、これが売れる言葉になったりもします。

問題解決型の商品・サービスなど、商品の価値を伝えづらい場合や、見えない価値を売る場合、はたまた商品の信用度が低い場合を含め、ほぼ、ありとあらゆる業種・業態で応用できます。

BtoCでは、カタログハウスの「通販生活」に代表されるように、有名人の愛用者の声（ユーザー事例）を前面に押し出した折込チラシ・新聞・雑誌広告がよく知られています。

売り手目線で、「この商品はこれだけ良い商品ですよ」といっても、世の中、そういう情報ばかりですので、説得力がありません。それに対し、買い手目線で、「数ある商品の中で、この商品のこの特徴に惹かれ、使ってみたら、こうだった。使ってみて気づいた点はこれで、こういう時にも使っています」と言われたら、商品の信用力も説得力も高まります。

さらに、このような買い手目線の愛用者の声がたくさんあればあるほど、売れてる感も出て、信用力も説得力も、ますます高まります。

広告以外でも、ネット通販の楽天市場やAmazonなど、お客様の声「レビュー」を購買支援材料として提供しています。そして、レビューを参考に購買判断を行う人が増えています。顧客事例やレビューは、数が多ければ多いほど、新たな顧客を生みます。事例やレビューの数の多さは、ラーメン店の行列に例えられます。ラーメン店も行列があるほど、後に並ぶお客さんもどんどん増えていきますね。

このお客様の声を元にした顧客事例広告は、法人向けのＢtoＢでも効果を発揮します。

第二章で商品の価値について触れましたが、商品の価値を伝えづらい場合、見えない価値を売る場合、商品の信用度が低い場合、顧客の言葉で語ってもらった方が、見込み客にも伝わりやすくなります。信用力・説得力が増すとともに、販売実績のアピールにもなります。そして何より、お客さんからの指名買いを得やすくなりますので、同業他社と比べられず、価格競争にも巻き込まれづらくなります。

例えば、三菱電機のＬＥＤ電球「ＭＩＬＩＥ（ミライエ）」を使った照明設備。ＬＥＤ照明設備の対象施設は、公共施設・商業施設・オフィス・工場・倉庫などです。

そこで、東京駅の丸の内駅舎・渋谷ヒカリエ・新横浜プリンスホテル・リンガーハットなどの納入実績とともに、それぞれの対象施設・納入先ごとに、LED照明の導入経緯やメリットなど、お客様の生の声を納入事例広告として、テレビCM・新聞・雑誌広告で表現しています。

このLED照明のように、BtoB向けで単価が高く、広告表現でも一言では説明しづらい商品は、顧客事例広告が最適です。

不良在庫としてこれまで眠っていた商品も、同様ではないでしょうか？

社内で売れる切り口が見つからなければ、既存顧客にインタビューして聞きましょう。

他社の多くの事例を見てみたい人は、GoogleやYahoo!で、「顧客事例」と検索してみてください。お手本がたくさん見つかります。

なお、法人向けのBtoBで、卸販売や代理店経由の販売が主な場合、最終ユーザーとの接点がなく、顧客の声を集めづらい場合もあるでしょう。

このような会社のスタッフは、最終ユーザーとの接点を持とうともしないように感じることがあります。そうした会社のほとんどは、顧客の声を聞いたこともなく、顧客ニーズをくみとった新商品開発などもできません。

卸先や代理店は、さまざまな同業他社と取引がある場合が多く、顧客の声をそれぞれの会社にフィードバックすることもほとんどないでしょう。

卸販売や代理店経由での販売が主であっても、商品・サービスの向上や新製品開発のアイデアの材料を得るために、最終ユーザーとの接点を持とうとする意欲が必要です。取引先に自社製品の納入先の顧客を紹介してもらい、顧客の声を聞きに行くことぐらいできるはずです。

その顧客の声から生まれた新商品を、その取引先に優先的に提供すれば先方も喜びます。

そして、最終ユーザーの顧客事例とともに、紹介元の会社の情報も盛り込めば、顧客事例広告も作れます。

このように、最終ユーザーとの接点が薄い会社は、まずユーザーとの接点を持とうとする意欲、そして取引先との交渉・折衝力が必要です。

広告表現を変えるどころか、移転告知を販促ツールに変えた例を紹介します。

通販企業を対象にDMの企画制作を手掛けるダイレクトマーケティングゼロでは、事務所移転に際し、移転告知とともに受注獲得を狙ったDM施策を行いました。既存顧客やリピート受注が見込める顧客に向けて、特製のDMパッケージを用意し、事務所移転の挨拶文に加え、顧客属性にあわせたキャンペーンチラシ、感謝の気持ちを表すオリジナルクッキーを同梱しました。その結果、既存顧客のリピート受注のほか、十三件の新規受注を獲得したのです（「全日本DM大賞」より）。

ありきたりな移転告知を販促ツールに変える方法、どの会社でも応用できますね。

広告の落とし穴

「広告表現を変える」のところで、日本全体で見た場合、インターネット広告の増加ともに、費用対効果が落ちていることについて触れました。

その大きな一つの要因について説明します。これは、広告の落とし穴ともいえます。


インターネット広告の中で、掲載した広告の費用対効果がハッキリと測定でき、費用対効果に優れた広告として代表的なものに「検索連動型広告」があります。

検索連動型広告は、検索エンジンで一般ユーザーが検索したキーワードに関連した広告を検索結果画面に表示する広告（テキスト形式）です。

一般的に、「検索広告」や「リスティング広告」「キーワード広告」などとも呼ばれ、Ｇｏｏｇｌｅのアドワーズ・Ｙａｈｏｏ！のスポンサードサーチが有名です。

広告内容・誘導先ページやキーワードごとに、いくら広告費をかけて、どれだけ注文や問い合わせが入ったか、リアルタイムでわかります。さらに、ネット通販では、どれだけの売上につながったかまで把握できます。

そのため、費用対効果に優れた広告の露出を強化したり、逆に費用対効果が芳しくない広告を停止・改善調整したり、といった広告運用もしやすくなっています。結果、費用対効果に優れた広告になります。

ところが、ここに落とし穴があります。

検索連動型広告を実施するには、申し込み方法として、直接アドワーズやスポンサードサーチに申し込んで自社で運用する方法と、代理店に申し込んで広告設定から運用までを代理店に任せる方法があります。

検索連動型広告が初めての人には、WEBブラウザでの広告管理画面の初期設定・広告設定・使い方や見方など、不慣れな点があるのは否めません。そのため、最初の一歩を踏み出すまでに時間を要する例は少なくありません。

そのうちWEB広告代理店から売り込み電話がかかってきて、代理店に任せてしまう。しかも、自社での運用ノウハウがないから、代理店に丸投げ状態。自社商品の特徴・アピールポイント・同業他社との差別化ポイントや、既存顧客の状況、顧客の主な来訪経路などの説明も代理店にしない。すると、たいてい、どの会社でもうたえるような、どこにでもある広告文になります。これでは、競合他社との差別化もできず、検索している見込み客へのアピールも弱く、費用対効果が高まるわけはありません。

ひどい代理店になると、費用対効果は劣っても、広告費が膨らむ広告設定を行い、代理店手数料を取るだけのところすらあります。

一般的に代理店は、広告費の約二〇％を代理店手数料として受け取ります。つまり、代理店の手数料の源泉は、どれだけ多くの広告費をかけてもらうか、にあります。もちろん優れた代理店は、会社・商品・サービス・顧客とともに、同業他社との差別化ポイントを理解して、広告の費用対効果の改善を図っています。

昔から長い付き合いがある広告代理店であれば、会社・商品・サービス・顧客・同業他社などの理解も深くて安心でしょう。一方、これまでの付き合いが全くなく、その業界の知識が深いわけでもない代理店への丸投げは禁物といってよいでしょう。

そもそも、会社・商品・サービス、そしてその顧客や同業他社を理解しようとしない代理店は論外です。

試行錯誤しながらでも、自社で直接申し込み、広告設定から広告運用まで行ってみることがおすすめです。

検索連動型広告は、掲載順位の変動・クリック数や費用対効果の変化・予算の消化具合などをチェックしなければなりませんので、多少手間はかかる広告ですが、一カ月もすれば、それぞれ安定してきます。ですので、仕事の合間・片手間でも十分運用できます。

なお、広告の追加・調整等の広告管理は多少手間もかかりますが、お客さんへのアピールポイントや、逆にお客さんが評価している点など、よく把握している自社で行った方が、柔軟かつ迅速に対応できます。時には、検索キーワード・広告文にあわせてサイトを調整することも必要となりますが、これも自社で考え、実施すべきものです。

その結果、さらなる費用対効果の改善も可能となります。

ほとんどの代理店はサイト調整のアドバイスなどは行いません。検索キーワードと広告文、そして誘導先ページがミスマッチだと、売れるものも売れません。

なお、Ｇｏｏｇｌｅのアドワーズは、サポートも充実していて、電話・チャット・メールを通じて、疑問点・不明点のほか改善点まで、無料のアドバイスが得られます。

まずＧｏｏｇｌｅアドワーズを利用して、サポートと連絡を取り合い、ノウハウを積むことです。Ｇｏｏｇｌｅアドワーズでの運用が軌道に乗ってから、Ｙａｈｏｏ！スポンサードサーチを利用すればスムーズにいきます。

自社で運営して、手間がかかったり、どうしてもうまくいかなくなった時に、代理店へ管理を依頼しても遅くはありません。自分たちにある程度知識があった方が、費用対効果の目標設定を含め、代理店との調整もしやすく、代理店への指示・コントロールもしやすくなります。

繰り返しになりますが、そもそも、会社・商品・サービス、そしてその顧客や同業他社を理解しようとしない代理店は論外です。

代理店の選定は、取引先の評判を聞くなど、慎重に行いましょう。

よほど優れた代理店があれば、知人や取引先などが紹介してくれるでしょう。

広告を変えて成功したクライスラー

自動車産業の歴史上、最も鮮やかな企業再生をなし遂げたアイアコッカが率いたクライスラーの例を紹介します。

クライスラーが一週刻みで倒産と闘っていた一九八一年。

アイアコッカは破産を回避するため、政府に対して十二億ドルの債務保証を申請します。

この債務保証には新たな法律の制定が必要で、アイアコッカはワシントンの上院・下院双方の公聴会で証言を行いました。

そして、ついに、アイアコッカはその要求を承認させることに成功します。

同時にこの年、当時としては珍しい低燃費のコンパクト・カー「Kカー」の推進にも成功します（第一章の冒頭に紹介したクライスラーのレバロンも、「Kカー」です）。

「Kカー」は燃費がよい画期的な車でした。小型車なのに、ペラペラとした印象はなく、アメリカ人の六人家族が乗れて、小さくてもスタイルがいい。

Kカーは、クライスラーにとって最後の決戦でした。これに敗れれば、会社は潰れる。

そのため、開発の初期から、アイアコッカは公聴会やマスコミ取材などの際に、Kカーの名を口にしてきました。知らず知らずのうちに、Kカーという名称を世間に浸透させていきます。

そして、かなり知られたと察知した瞬間から、意識的にKカーの名を売り込みました。

ここに、「Kカー」が成功した真の秘密があります。

それは、エアリーズ（ダッジ系）やリライアント（クライスラー系）などの正式名称より、Kカーの名を前面に出したこと。これはアイアコッカの決断でした。

開発途上の車は、社内では暗号名で呼ばれます。クライスラーではアルファベットを使うしきたりになっていました。そして、いよいよ発売というときになって、販売部門が詳しく市場調査をしたうえで、正式名称を決定します。そこで決定した名称は、エアリーズ・リライアントだったのです。

広告では、「Kカーはアメリカの回答です」を合言葉に使いました。

そして、印象を強めるために、広告を赤・白・青の星条旗色に塗り分け、「アメリカ人が六人乗れます」と強調。日本車との差別化も図りました。

さらに、スーパーのKマートにひっかけて、「KカーをKマートで」と、場所を特定したプロモーションも行います。そして、いつのまにか、正式名称のエアリーズやリライアントが、サブタイトルのようになってしまったのです。


ただ、完璧な製品であっても、過ちはあります。発売後の売れ行きは、全然パッとしません。

当時、クライスラーは、ライバルGMのXカーと乱戦中で、GMの廉価車の六千二百七十ドルに対し、Kカーは五千八百八十ドルで対抗します。

「GMより安く売って、しかも生存に必要な利益をあげるには、オプションしかない」

そこで、当時オプション扱いだったエアコン・オートマチック・ベロアシート・電動ウインドーなどがついた車を積極的に出していきます。

本体五千八百八十ドルに対し、オプション価格は約二千ドルもプラスに。

結果、八千ドルから九千ドルもする車をむやみに供給してしまいます。

ユーザーである大衆は、六千ドル前後のベーシックな車を求めていることが市場調査でわかっていたのに、利益をあげて会社の危機を救おうとする意欲が勝ちすぎてしまいました。

過ちは高くつきました。まずKカーの人気を高めておいてから、オプション類を導入すべきでした。いきなり金持ちを狙っても始まりません。金持ちはKカーには興味がないのに、それも忘れていました。

しかし、早期に過ちに気づいたのは、成功ともいえます。

Kカーを見にショールームに来る人は多くいましたが、大部分が買わずに帰ります。

そこで、出口で待ち構えて面接調査をしてみると、「もっと安いと思っていたのに」という声がほとんどでした。

大急ぎでベーシックなモデルに切り替えると、まもなく売れ行きも上向き、コンパクト・カー市場で二〇%ものシェアを占め、販売台数も百万台を超えました。結果的に、Kカーがクライスラーを救ったのです。

Kカーは、時代の要請にぴったり合致していました。燃費がよく、乗り心地もよくて、それでいて見た目も美しい。「モータートレンド・マガジン」でも一九八一年のカー・オブ・ザ・イヤーに選ばれます。

このKカーに関連して、製造現場での裏話があります。

この後に発売されたほとんどの車は、Kカーに手を加えたり、Kカーで利用できる部品を使っていました。Kカーは、クライスラーのつくるほとんどの車のベースになったのです。

アイアコッカいわく、「遠い昔のデトロイトでは、各購買層に応じて、一から新しい車をつくっていた。しかし、そんなことをすれば、開発経費は少なくとも十億ドルかかる。だから、純粋な意味の新型車は夢になった。新型車といっても、実は新旧部品の組み合わせにすぎない。薄板鋼板、トランスミッション、シャーシなどを全面的に新しくすることはあるが、もはや一から新車をつくりはしない」と。

このように、互換可能な部品を多用する会社は少なくないでしょう。ましてや、長く続く堅実な会社ほど、互換可能な部品を多用している、と言っても過言ではないでしょう。発売してみないことには、どれだけ売れるかわからない製品を、毎回ゼロからつくっていたら、会社は持ちません。

不良在庫となっている商品も何かの代替になって宝の山に変わるのではないでしょうか？

もし、互換が利かない商品ばかりだったら、今を機に、互換が利く商品作りについて考えてみても良いでしょう。

第二章で不良在庫の本質を明らかにし、第三章から第五章までで、不良在庫はもちろんのこと、ありとあらゆる商品で同様に実施可能な価値の広め方をお伝えしました。

ここまででお伝えした方法は、不良在庫となっていた商品そのものには手を加えずに、そのままの状態で販売促進を行う場合に限ります。

しかしながら、商品名や商品パッケージの良し悪しが不良在庫の原因となることも少なくありません。

そこで、次の章では、商品名を変えたり、商品パッケージを変えたりなど、不良在庫を再利用して商品を生まれ変わらせる方法について紹介します。

第六章

不良在庫を再利用して在庫一掃

商品名を変える

あなたに質問があります。

「新製品を発売する時、ワクワクしませんか？」

「それに比べると、不良在庫の販促では、ワクワクしない感じではないでしょうか？」

「でも、もし不良在庫が新たな商品に生まれ変わったら、新製品同様にワクワクしませんか？」

そこでこの章では、商品名を変えたり、商品パッケージを変えたり、商品の組み合わせ方法を変えるなど、不良在庫を再利用して新たな商品に生まれ変わらせる方法について紹介します。

「4P」という言葉を聞いたことはあるでしょうか？

マーケティングすなわち、「製品やサービスが売れるための仕組み」は、Pで始まる4つの言葉（4P）でできています。

4Pとは、Product（製品）・Price（価格）・Place（流通）・Promotion（プロモーション）を示しています。

ここで紹介する商品名も、「Product（製品）」を構成する一要素です。

「（商品の価値がわかりやすい）良いモノはたくさん売れる」のは当然ですが、「（商品の価値がわかりやすい）良い名前のものもたくさん売れる」というのも、また事実なのです。


一九八一年、レナウンは紳士用抗菌防臭加工靴下を「フレッシュライフ」という商品名で発売しました。

発売初年度こそ三億円を売り上げ、ヒット商品となりましたが、その後は徐々に減少に転じます。それもそのはず。「フレッシュライフ」という商品名では、誰が対象なのか、どういう商品なのか、イメージがつきません。

発売から六年後の一九八七年、再起をかけ、社内で集めた百以上の案の中から、思い切って商品名を「通勤快足」に改名しました。

これが大ヒット。改名の初年度に十三億円を売り上げ、二年後には、四十五億円という大ヒット商品に化けたのです。

ビジネスマン向けに、抗菌防臭の機能性靴下で、「通勤快足」。

当時、ＪＲや京王線で通勤快速が走り始めたこともあり、ターゲット層のビジネスマンがとってもイメージしやすい商品に生まれ変わりました。

以来、サラリーマン用靴下として、吸水速乾や消臭などの機能を加え、年々進化を続けるロングセラー商品となっています。


似たような事例はまだまだあります。

こちらも有名ですので、ご存知の方も多いと思いますが、大ヒット商品「鼻セレブ」は、実は名前を変えた商品だったのです。

一九九〇年代、普通のティッシュ箱は、安売りが常態化していて、際限のない値下げ競争に陥っていました。ちょうどその頃、花粉症に悩む人が増えてきました。ティッシュで何度も鼻をかんでいると、肌を痛め、鼻も赤くなります。

そこで、一九九六年、王子ネピアは、花粉症に悩む人向けに、保湿成分を加え、柔らかい仕上がりにしたティッシュ「ネピアモイスチャーティッシュ」を発売しました。モイスチャーとは英語で、湿気・水分を意味しています。ですので、この名前は、「ネピアブランドの湿気・水分を含んだティッシュ」であることを表しています。「ネピア」ブランドはとても有名ですし、この商品名で売れると思ってても無理はありません。

しかし、競合各社からも保湿ティッシュが発売され、その中で埋もれてしまい、今一つ売上が伸びません。

そこで発売から八年後の二〇〇四年、再起をかけ、商品名を改名します。「保湿も、柔らかさも、鼻をいたわるため。鼻をかむ用途に特化したことが伝わる商品名に」と、高級感と品を感じさせる和製英語「セレブ」を掛け合わせ、「鼻セレブ」に生まれ変わりました。

あわせて、商品パッケージも見直し、それまでのティファニーブルーをイメージさせるデザインから、さまざまな動物の顔の「鼻」に焦点をあてた印象的なデザインに変更しました。すると、商品名・商品パッケージともに大ウケし、発売直後から爆発的に売れ始めます。

パッケージの動物のバリエーションも増やし、「ネピア鼻セレブ動物総選挙」を開催したり、大人向けのシックなデザイン・子供向けのキャラクターデザインを加えるなどし、多くの競合を抑え、ティッシュ売上のトップに躍り出ました。

このように、消費者目線で競合商品とも見比べ、差別化した商品名を考えることで、商品の運命を大きく変えることがあります。

もう一つ、紹介します。

タカラトミーはタカラとトミーが合併してできた会社ですが、これはタカラ時代のお話です。

男性なら、子供の頃になじみのあるミニカー。

一九七八年、タカラは、ゼンマイバネで駆動するミニカーの開発に着手します。二年の歳月を要し、新製品のミニカーが出来上がりました。

一九八〇年九月、タカラは、新製品のテスト販売を行います。

プラスチック製の寸詰まりにデフォルメされたミニカーで小型軽量、ゼンマイバネで驚くべきダッシュ力を発揮します。豆のような小さくてかわいい形で、ダッシュ力も誇るミニカーなので「豆ダッシュ」と命名しました。商品の特徴を表した商品名です。

でも、「豆ダッシュ」という商品、なじみがないですよね？

その通り、テスト販売ではまったく売れませんでした。

「豆ダッシュ」と聞いて、ミニカーで遊ぶ子供もどういう商品かイメージできません。

そこで、その年のクリスマス商戦を前に、商品名を変えて売り出します。

「チョロチョロ走るキュートな車」で、『チョロQ』（キュートの綴りは「cute」ですが、語調から「Q」に引っ掛けたそうです）。

そのかわいらしいネーミングとともに、丸っこくて愛嬌のある形状、そして一番の特徴である走行力で話題を呼びます。

それで遊ぶ子供はもちろん、子供の母親からもかわいいと評判を呼び、「チョロQ」と改名した途端に大ヒット商品となります。


国内で好評を得たチョロQはすぐさま海外にも輸出され、アメリカ、ヨーロッパでも発売されることになります。

ただ、チョロQという名称では、海外の人には、その商品をイメージできません。

そこで、イギリスの通貨「ポンド」や、アメリカやカナダの通貨「ドル」の下位の通貨単位（ペンス・セント）の別称「ペニー」に目をつけます。

子供の頃、五円玉や十円玉を弾いて遊んだ記憶がある人もいるのではないでしょうか？

アメリカやイギリスの子供も、ペニー硬貨を弾いて遊びます。

ペニー硬貨を弾いて遊ぶ感覚に近いミニカーで、走行力に特徴があることを表現してのことでしょう、「ペニーレーサー」という名前で発売されました。すると、海外でも大ヒット!

国内にとどまらず海外でも人気を博し、今や「チョロQ」は、累計約三千種、一億五千万個を超える販売実績を持つまでの超ロングセラー商品になりました(二〇一四年九月)。

テスト販売時の商品名「豆ダッシュ」では、ここまでの大ヒット・超ロングセラーまではいかなかったと、容易に想像できます。

商品名の大切さを思い知らされますね。

商品パッケージを変える

前章の最後に互換に触れましたが、今度は「五感」。人は五感で物事を判断します。五感による知覚の割合は、視覚が八三%、聴覚が一一%、嗅覚三・五%、触覚一・

五%、味覚一・〇%であると言われています(『産業教育機器システム便覧』日科技連出版社　一九七二年)。

「視覚」から得る情報は、八三%。さらに、視覚の情報は、他の感覚にまで影響を与えます(商品の本当の価値は、人それぞれ、実際に使ってみないとわかりません)。

私たちが得る情報のほとんどは「視覚」からの情報です。特に、今は当たり前になりつつあるインターネット販売では、「視覚」情報が九〇%以上を占めると言ってもよいでしょう(残りの一〇%弱は、動画の音声などの聴覚情報)。

そう考えると、「商品パッケージ」の重要性に気づきます。

そこで、商品パッケージを変えて大成功した有名な例を紹介します。

それも、日本人で知らない人はいないほど、誰もが知っている著名作家の本です。

太宰治の代表作『人間失格』。

『人間失格』は、太宰治が自害した一九四八年に発表された自伝的小説です。出版直後からベストセラーとなり、今や累計発行部数六百万部を超えるほどに。

一九九〇年には、集英社からも出版され、こちらも四十万部を超えています。

この歴史ある名作が、二〇〇七年に本の商品パッケージである表紙を変え、集英社文庫の新装版として出版されました。漫画『DEATH NOTE』(デスノート)で知られる人気漫画家=小畑健のイラストを表紙にしたのです。

それまでの表紙は、文字の背景にデザインを施した抽象的なものでしたが、新装版は、『DEATH NOTE』の主人公を思わせる学生服姿の男の子が椅子にこしかけ、不敵な顔でたたずんでいるデザインになったわけです。

古典的文学作品と人気漫画家のイラストという異色の組み合わせは、漫画を読む層にも受け、話題を呼び、発売後一年間で二十一万部。古典的文学作品としては異例の売れ行きを見せ、旧版の十年弱に相当する部数をわずか一年で売ったことになります。

このような例は、他にもあります。

志水辰夫の『行きずりの街』(新潮文庫)です。

出版後十年間で十二万部を売り上げますが、売上は尻すぼみとなっていました。

初版から十二年後の二〇〇六年、新潮社はこの十年以上前の本の帯に、「91年度のこのミステリーがすごい！第1位」と付けました。すると、あれよあれよとまたたく間に売れ出し、一年で五十万部近くも売れ、大ベストセラーとなりました。

「一九九一年」という昔の情報でも、玄人好みの志水辰夫のこの本が一位だったという事実が、若い読者の意表をつくのでは、という狙いが的を射ました。

一九七三年の江戸川乱歩賞受賞作、小峰元の『アルキメデスは手を汚さない』（講談社文庫）は一九九四年に著者が亡くなり、同著は忘れかけられていました。

ところが二〇〇六年、「熱い声にこたえて、伝説の青春ミステリー待望の復刊！」「この小説との出会いが、本嫌いだったバカ高校生の運命を変えた」と直木賞作家・東野圭吾の推薦文を本の帯に記し復刊したところ、七万六千部まで増刷となりました。

本以外の例も紹介します。

雪印の「６Ｐチーズ」も、日本人で知らない人はいないほど、誰もが知っている商品でしょう。まあるいパッケージに三角形のチーズで親しまれている「６Ｐチーズ」。

一九五四年の発売から、六十年以上も売れ続けているロングセラー商品です。実は、この商品も、商品パッケージの改良によって成功した代表例なのです。

「6Pチーズ」の前身となる商品「6ポーションチーズ」が、一九三五年に発売されました。当時は、現在のものと形は似ていますが、缶入りでした。雪印は、日本人が食べやすいプロセスチーズにして、あらかじめ六等分に切り分けて円形のパッケージに入れたのです。

ですが、パッケージは、現在のような小分けされた六つのチーズがそのまま扇形に形取られたものではなく、雪山のイラストに、「SNOW　CHEESE」と書かれた、商品の特徴がわかりづらいものでした。

当時の「6ポーションチーズ」のパッケージは、中身のチーズを取り出してから切り分けて食べる外国産チーズのパッケージと区別がつきづらいものだった、と言えばわかりやすいでしょうか。

それから十九年後、「6Pチーズ」と商品名を変え、現在のものに近いパッケージデザインで売り出されました。

丸型の容器の中に、小分けされた6つのチーズが扇形で入っているデザイン。この、切り分けられているチーズ、という商品の特徴がそのまま表現されたパッケージが、消費者の支持を集めます。

ご存知のように、チーズは、切ったり、保存したりするのは結構面倒です。それを六つに切り分けることで解決し、商品パッケージのデザインも商品のブランディングとともに、販売促進しやすくなりました。

「6Pチーズ」は、パッケージのデザインと、中身のデザインが全く同じ。パッケージを見れば誰でも、この形に小分けされたチーズ、ということがわかります。

パッケージを見るだけで、商品の特徴・アピールポイント（=商品の価値）がわかる、という理想的な商品パッケージといえるでしょう。

もし、「商品の価値」が「商品パッケージ」で表現されてなく、それが不良在庫の原因となっているようでしたら、見直しても良いでしょう。

違う切り口の例も紹介します。

商品パッケージでの差別化がはかりづらい農林水産業での取り組み例として、京都にある茶農園の手法を紹介します。

一般的に昔からある農家は、農協を通じての販売が主体で、最終消費者との関係が弱いようです。

京都にある茶農園「京都おぶぶ茶苑」は、二〇〇四年に発足したベンチャー農家です。一杯のお茶に感動した大学生が、大学を中退し、徒手空拳で農業の世界に足を踏み入れ、設立しました。

理想のお茶を作るため、京都府和束町にある山あいの急斜面の土地で、手作業により、昔からの伝統的な製茶法で作ります。他の産地の茶葉とのブレンドや香りづけ、茶葉のきざみといった二次加工は一切しない、野性味あふれる茶葉に特徴があります。

このように生産されるお茶は、決して安くはありません。良質だからこそ、価格も高い。

そのため、当初から、農協を通じての販売は行わず、直接消費者に販売していました。地元のフリーマーケット・スーパーマーケットでの店頭販売や、ホームページを立ち上げてのネット販売、飲食店への直接営業などです。

中でもホームページを介してのインターネット販売がヒットし、国内のみならず海外からも注文が舞い込みます。インターネット販売が柱となって単月黒字となりました。

ただ、家庭の常備品ともいえるお茶を、なくなる前に、その都度注文するというのも、消費者にとっては面倒です。

茶農園側も、いつどれだけ注文が入るかわからない状態で、数十種類の茶葉を作り、都度受注対応していては、自転車操業から抜け出せません。

そこで、京都おぶぶ茶苑が二〇〇九年一月から始めたのが、リピーターの需要に応える販売手法「茶畑オーナー制度」です。

副代表の松本靖治氏によると
「お茶をわざわざ取り寄せてくださるということは、お客様にとって、茶畑から直送されるお茶は、茶畑を所有している感覚にも近いものがあるのでは、と思いました」

「茶畑オーナー様には、年4回お茶をお届けしますので、オーナーの数がある程度の規模になれば、通年の需要も把握しやすく、適正量の生産もしやすくなります」とのことでした。

このような発想から、新商品・新サービスとして、「茶畑オーナー制度」を開始しました（一日五十円・年間一万八千円の会費で、お茶をお届けする以外にも、茶畑オーナーとして、年三回――春・夏・秋――の茶摘みや、毎年三月の苗木の植林を体験できるなどの特典を用意しています）。

この茶畑オーナー制度には、すでに国内はもとより海外十二カ国から応募があり、五百四十二人（うち海外二十三人）以上がオーナーとなっています（二〇一五年四月現在）。

通常の商品に、オーナー制度という付加価値をつけ、商品パッケージを作る例を紹介しました。

農業・林業・水産業など、商品パッケージとは無縁の商売でも、このような方法を活用してみてはいかがでしょうか？

バンドル販売

ここまでで、既存商品の商品パッケージや商品名を変えて大ヒットした例とそのポイントを紹介しました。

ただ、このアプローチは、その商品単品で完結する場合に限られてしまいます。では、単品で完結せずに、別の商品と組み合わせて使う商品は、どうすれば良いでしょう？

例えば、一眼レフカメラに付属するバッテリーやレンズフィルター、あるいはメモリーカードなど、これらの付属品は、商品名やパッケージを変えても、見込み客に新たな価値を伝えられるものでもありません。

このような付属品を効率的に販売できる方法として、おすすめなのが「バンドル販売」です。

バンドル販売とは、まとめ買いを促進する方法の一種で、同一商品や規格が異なる商品を二個以上まとめて販売する方法をいいます。

バンドル販売で有名なのが、テレビショッピングのジャパネットたかた。

あの独特な甲高いトーンとともに、軽妙なトークで視聴者に訴えかける同社創業者の高田明氏のショッピング番組（同氏は二〇一五年一月十六日付で社長を退任）。

番組内容を思い出してみてください。紹介する商品によって、説明の流れは多少変わることもありますが、おおよそこのような感じですね。

①日常で困っていること（消費者が気にしていること）
②その解決方法（商品の一番のウリの部分）
③なぜ、簡単に解決できるのか（一番のウリの部分を具体的に）
④さらに、こんなにすごい（商品の特徴・アピールポイント）
⑤でも、○○なんでしょう？（消費者が不安に思うこと）
⑥いや、そうじゃないんです！（消費者が気にする部分を補足）
⑦さらに、おまけがこんなにたくさん（こんなにお得なのは今回限り）

いかがでしょうか？　思い出しましたか？

そう、「さらに、おまけがこんなにたくさん」が、バンドル販売です。

たとえば、このような商品構成です。

一眼レフカメラでは、本体のほか、メモリーカード、さらにインクジェットプリンタ・プリンタ用の光沢紙もセット。

デジタルムービーカメラでは、本体のほか、バッテリー二個・メモリーカード・ムービーカメラ用バッグ、さらに三脚もセット。

ノートパソコンでは、本体のほか、パソコン入門書・セキュリティソフト・モバイルＷｉ－Ｆｉ・ＡＣアダプタ・ＵＳＢケーブル、さらに、インクジェットプリンタ・プリンタ用の光沢紙もセット。


バンドル販売することで、本体の単価アップが図れますし、付属品とそのブランド名を消費者に認知してもらうことで、リピート需要の指名買いにつなげることもできます。

インクジェットプリンタは、消耗品のインクでリピート需要の指名買いにつなげています。

セット商品の商品化にあたり、付属品を通常より安く提供することにはなりますが、インクジェットプリンタのように購入者が消耗品や付属品を追加購入することもあります。付属品も、同じブランドだと安心感があるからと、同じものを指名買いしてもらえる可能性が高まります（追加購入しやすいように、消費者が見ただけで、ブランド名がわかるようにすることは必要です）。

別の商品と組み合わせて使う商品、特にリピート性が高い商品は、バンドル販売。セット商品では利益は薄くなりますが、リピートで利益確保がしやすくなります。

森永製菓の場合

第一章で紹介した森永太一郎が創業、消費者ニーズをくみとった細やかなリニューアルで、不良在庫を宝の山に変えてきた森永製菓の例を紹介します。

二〇〇八年十二月、森永製菓は食品メーカーにとって頭の痛い問題に、先頭を切って取り組みます。大手食品メーカーでは、森永製菓が業界初の試みとなります。

季節が外れてしまった製品やキャンペーン期間が過ぎてしまった製品など、賞味期限は十分にあり、まだおいしく食べることのできる製品を廃棄処分するのはもったいない。廃棄コストもばかになりません。

そこで、自社在庫の菓子を詰め合わせにし、地方のスーパーマーケットでテスト販売を行いました。もちろん通常よりお手頃な価格で。

賞味期限は最低でも三カ月以上先で、品質上も安全が確認されているものとあって、予想通りの大好評となります。

テスト販売の成功を元に、商品名を「森のふくろう」と命名、全国のスーパーマーケットに展開します。

すると、不況下で安く買いたい、という消費者心理にもマッチし、メディアでも話題を呼ぶヒット商品になりました。

廃棄にも多額のコストがかかる在庫商品をヒット商品に仕立て、メディアでも話題を呼ぶ、まさに不良在庫を宝の山に変えた代表例といえます。

もちろん、廃棄処分となるような不良在庫は出さないほうが好ましい。

その予防策として、重要な役目を果たすのが、顧客である消費者との接点の強化です。

森永製菓のように、テレビ・新聞・雑誌などのマスメディアを重視してきた大手企業は、消費者との接点が弱い面があります。しかし近年、森永製菓は、その消費者との接点強化を積極的に行っています。利用しているのはソーシャルメディアです。

森永製菓では主に五つのソーシャルメディアを活用しています（二〇一五年四月現在）。

ソーシャルメディアは、WEB上で誰もが参加できる広範な情報発信技術を用い、社会的相互性を通じて広がっていくように設計されたメディアです。一方通行でなく、双方向のコミュニケーションができることに大きな特徴があります。

①Facebook（フェイスブック）

日本国内で二千四百万人・全世界で十三億人以上（二〇一四年十一月時点）ものユーザーがいる世界最大のソーシャルネットワーキングサービス（SNS）です。

SNSは、人と人とのつながりの上で交流するという意味を持っています。

利用者は実名で、現実の知り合いとインターネット上でつながり、交流できます。

森永製菓では、森永製菓株式会社・ウイダー・おかしなおかし屋さん・天使の健康、の四つのFacebookアカウントで、それぞれのテーマにそった情報を発信しています。

②Ｔｗｉｔｔｅｒ（ツイッター）

百四十文字以内の短い記事（ツイート）を投稿して、利用者間で共有する情報サービスです。ユーザーが投稿するツイートを読んだり、それに応えたりするのを楽しみます。

森永製菓株式会社・エンゼルパイ・森永チョコレート・森永チョコボール・森永アイスＲ姉・ｉｎゼリー、の六つのＴｗｉｔｔｅｒアカウントで情報を発信しています。

③Ｂｌｏｇ（ブログ）

Ｗｅｂｌｏｇ（ウェブログ）の略で、記事を日記風に記して、それに対する感想などを閲覧者が自由にコメントできるＷＥＢサイトのことをいいます。

エンゼルパイなキモチ・アイスのファン集まれ！、の二つのブログで情報を発信しています。

④ＹｏｕＴｕｂｅ（ユーチューブ）
動画の投稿・閲覧ともに無料で利用できる世界最大級の動画共有サイトです。

Ｍｏｒｉｎａｇａチャンネル・ウイダーチャンネル、の二つのチャンネルで動画配信しています。

⑤モニプラ
モニプラは、Ｆａｃｅｂｏｏｋ・Ｔｗｉｔｔｅｒなどのアカウントがあれば誰でも参加できる、無料プレゼントキャンペーン情報のまとめサイトです。

森永製菓モニプラ支店のアカウントで、各製品のプレゼントキャンペーンを行っています。


消費者に向けてどのような情報を発信して、コミュニケーションを図っているか、森永製菓のソーシャルメディアを覗いてみてはいかがでしょうか？

この森永製菓のように、ソーシャルメディアを利用して、会社全体のほか、商品ブランド・シリーズ別にいくつものルートで消費者との接点を持ち、関係を築いていくと？

どうなるでしょう？

そうですね、新商品やキャンペーンの告知なども、（マスメディアを通じずとも）消費者にダイレクトで告知できるようになります。かつ、伝えたい時に、リアルタイムで伝わるメリットもあります。

万が一、不良在庫となりそうな商品ができても、販促企画を立て、消費者にダイレクトに告知することも可能です。

食品業界につきものの不良在庫と無縁になる日も、そう遠くないかもしれません。

この章では、不良在庫を再利用してワクワクする新商品に生まれ変わらせる方法をお伝えしました。

取り上げた事例を見ていると、どれも楽しんで仕事をしているように感じますね。

ここでもう一つお伝えしたいことがあります。

ワクワク楽しんで仕事をしていると、お客さんにもきっとそのワクワク感が伝わります。そしてそのワクワク感が商品の大ヒットにもつながります。

そこで、最終章では、ワクワク楽しんで仕事をしながら、不良在庫を宝の山に変えていく方法を紹介します。

第七章

不良在庫を宝の山に変えるコツ

トレジャーハンティングチーム

前準備はよろしいですか？

それでは、不良在庫を宝の山に変えていきましょう。


いよいよラッキー7の最終章に入りました。

この本のタイトル「不良在庫は宝の山」のとおり、現実に目の前にある不良在庫を宝の山に変える手順を紹介していきます。

その前準備として、一つの提案があります。

「第一章　不良在庫を宝の山に変えた伝説のマーケッターたち」の中で日米五人の伝説のマーケッターを紹介しました。

リー・アイアコッカ、ジェフ・ベゾス、本田宗一郎、森永太一郎、盛田昭夫。

この五人の中から一人で構いませんので、師とするマーケッターを選んでください。

巻末に本書の参考文献として、リー・アイアコッカ、本田宗一郎が著者として書いた書籍名を記載していますので、それらをお読みになってからでも構いません。

そして、これから不良在庫を宝の山に変える手順を進めていく中で、都度「この師とするマーケッターだったら、どうするだろう？」と思いを馳せてください。

不良在庫を宝の山に変えた伝説のマーケッターを味方につけていれば、成功は間違いありません。


良品の在庫のことを、会計用語で「棚卸資産」ということはご存知でしょう。

棚卸資産の意味は、ご存知のとおり「商品・原材料・製品・半製品・仕掛品など、直接または加工されて、収益獲得のために用いられるもの」「販売や加工することを目的として所有する資産」などです。

販売や収益獲得を目的とした資産。これが、不良在庫と思っていた本当の姿です。

第六章まで読んで、あなたの会社の在庫商品も、宝の山に変えられそう！と感じていただけましたでしょうか？

今から、棚卸資産を宝の山に変えていきましょう。

ここまでを振り返ってみると、
第一章では、五人の伝説のマーケッターの成功例
第二章では、商品の価値を高める方法
第三章では、三つの物流テーマと五つの販促方法
第四章では、顧客ターゲットを据えるポイントと展開方法
第五章では、広告ターゲットと表現方法
第六章では、商品に一工夫加える方法と販売促進・提案方法
について、説明しました。

商材の過去の実績によって、どこから手をつけていくかは変わりますが、できないことはありません。

行動に移すことが、宝の山に変えられるか、変えられないか、を分ける鍵です。

それでは、どのように行動に移したら良いでしょうか？

まず一番最初にすべきこと、それは「トレジャーハンティングチーム」を作ること

です。トレジャーハンティングという言葉は、価値のある物品を探し出す探検家、冒険家を指します。ただ、「棚卸資産販促チーム」などといった名称では、チームメンバーのモチベーションもアップしづらいので、華のある名称にしました。

最初にチーム作りを行うのは、なぜでしょうか？

そもそも、会社内の各部門間で情報共有がされていなかったり、協力関係ができていなかったことが、商品が在庫として滞留している状況を招いているからです。

原因を解消せずに、営業・販売部門が頑張ったところで、その商品は売れますが、また同様の状況を作り出し兼ねません。

各部門協力のもと、在庫が滞留している原因を究明し、より売りやすい、より良い商品を製造・販売できるように連携していくことが、今後の商品開発・販売促進にも役立ちます。

臭い物に蓋をしていては、会社は成長しません。

まず一番に、トレジャーハンティングチームを作りましょう！

顧客の声を集め向き合う

さて、「トレジャーハンティングチーム」を結成したら、どのように進めましょう？

まず、最初に行うことは、顧客に向き合うこと。

具体的には、顧客の声（VOC＝voice of customer）を集め、それぞれの顧客の声に向き合うことです。

顧客の声を集めてみると、社内の担当者が思っている以上に会社や商品を評価したり、思わぬ点を評価していたり、ということに気づきます。

まれに評価が良くないこともありますが、予想以上に悪い評価ということは滅多にありませんし、たいてい、社内で気づいていることを正直に伝えてくれます。

そして、集まった顧客の声を、トレジャーハンティングチーム全員で共有しましょう。

「こんなにうちの会社と商品を贔屓にしてくれてるんだ」「こういうきっかけで、うちの商品を知ったんだ、知らなかった」「他社の商品と比べてこの部分を評価してくれてるんだ」「また買いたいけど、どこに問い合わせればいいかわからない。もう売ってないと思っていた、って言ってるぞ」「こうすればもっと買いたい、って書いている人もいるぞ」などなど、会社としてすべきことをその場で与えてくれます。

顧客の声がチーム全員を結束させ、活気づけ、次の方向に導く手助けをしてくれます。

それでは、この大事な顧客の声、どのようにして集めたら良いでしょうか？

顧客の声は、第一に、社内で情報共有するために使用しますが、第二に、ホームページに掲載したり、チラシ・パンフレットなどの各種販促媒体にも活用できます。

ネットでの活用も考慮すると、顧客の声の種類は、主に以下の五つが挙げられます。

①ハガキや手紙
②電子メールやＷＥＢのアンケートフォームなどのテキスト形式
③音声

④ビデオ動画
⑤実地インタビュー

五つ挙げていますが、特にどれに絞れば良いというわけではありません。

顧客の声は万能ですし、使って使いすぎるといったことはありません。

例えば、パンフレットの空きスペースやＤＭ・チラシの裏面など、書く要素がなくなったら、顧客の声を紹介すれば、説得力を高められます。

また、すべてテキスト形式にするより、手書きのものがあったり、ビデオ動画のものがあったりと、ミックスされている方がより効果を発揮します。

ただ、顧客の声といっても「良かった」「満足です」など、一言のものでは説得力は高まりません。

見込み客の購買判断の後押しになるような、「良い声」を集めたいものです。

そのためには、どうすれば良いのでしょうか？

顧客の声は、インタビュー・質問回答形式にすると、良い声が集まりやすくなります。

つまり、こちらから相手に質問して、質問に対して答えてもらうようにすることです。

よほど慣れている人でない限り、まっさらな白紙の紙を手渡されて、スラスラと書ける人はいない、と言ってよいでしょう。顧客の声をもらうには、良い声を引き出せるようにリードする必要があります。

ですので、インタビュー・質問回答形式にするのが効果的なのです。これで、顧客の負担も少なくなり、気楽に回答してもらえます。

さらに、参考例を紹介しておくと、回答内容をイメージしてもらいやすくなります。

なお、顧客への依頼の際には、顧客と同じ立場の見込み客に向けて、ホームページや広告等で紹介するためのもの、と伝えておくと、欲しい回答を得やすくなります。

顧客が法人の場合は、ホームページや広告掲載で先方のブランドアピールにもつながりますので、承諾も得やすいです。特に、顧客企業と自社の会社が同等、あるいは自社の方が企業規模的に大きな場合はそうでしょう。逆に顧客企業が大企業で、自社が中小零細企業の場合は、担当者同士の人間関係の良し悪しに左右されることがあります。

ただ、日常的に忙しく、電子メールやWEBのアンケートフォームへの記入をすぐに行ってもらうのは難しい面があります。訪問打ち合わせ時などに、質問しながら回答を漏らさずメモしたり、あらかじめ承諾を得て、音声を録音させてもらうと良いでしょう。

顧客が個人の場合は、顧客からの信用度が高ければ承諾は得やすいですが、法人顧客同様に、日ごろから忙しく、電子メールやWEBのアンケートフォームへの記入をすぐに行ってもらうのが難しい面はあります。そこで、回答者には自社製品やギフトカードなどの謝礼品を用意すると集めやすくなります。謝礼は回答者全員でなくとも、抽選で○名、といった形でも問題ありません。

おおよそ質問内容は、以下になります。

①プロフィール
法人の場合は、「どのようなご商売・お仕事をされているのですか？」
設立間もない法人の場合は、「ご商売をはじめたきっかけは何ですか？」
個人の場合は、「職業・性別・年齢・家族構成・居住地は？」

②利用前の状況
「どういうことで悩んでいましたか？」「解決したい問題は何でしたか？」

③商品と出会った経緯・購入を決めた理由
「この商品をどこで知りましたか？」「この商品に決めた理由は何ですか？」

「他に比較検討した商品はありましたか？」「その商品と比べてどうでしたか？」

④商品の利用後について
「利用してみていかがですか？」「当初の悩みや問題は解決できましたか？」

⑤具体的な良い点

「どういう点が良かったのですか？　具体的には？」「具体的にどのように解決できたのですか？」

⑥商品を勧められる人

「この商品はどういう人にお勧めできますか？」「その方々が興味を持つのはどの部分ですか？」「逆に、勧められない人はどういう人ですか？」

⑦最後に

「全体的に満足されていますか？」「満足度が足りない場合、足りないのは何ですか？」

このような回答を集めれば、販促にも活用でき、社内の情報共有もしやすくなります。

また、Ａｍａｚｏｎのように、レビューが他のサイトより多くなれば、他に流れる顧客も減り、購買率も高まる、と考えると良いでしょう。

良い顧客の声をモチベーションアップの材料としながら、それらをホームページや広告等でも紹介して見込み客向けに販売促進を行ったり、「商品を勧められる人」向けの訴求を強化、「勧められない人」向けの訴求を弱めたり。

そして、「満足度が足りない場合、足りないのは何ですか？」の顧客の正直な感想に、きちんと向き合い、解決策を検討しましょう。

宝の山に変える五ステップ

ここまでで、「トレジャーハンティングチーム」を結成し、「顧客の声」を集めました。

これで準備はＯＫ。いよいよ、宝の山に変えるステップです。

■ステップ1　商品の価値を高め、理想のお客さんを見定める

顧客の声を集め、すべての回答項目を集計します。「購入を決めた理由」「具体的な良い点」の二点が既存顧客が評価している価値といえます。そして、顧客の声の集計内容に加え、既存顧客が評価している価値をすべて洗い出しましょう。

そして、第二章で紹介したマーケティングにおける価値、「機能的」（物理的な安全性）と「情緒的」（心理的な安心感）の二つの側面に漏れがないかチェックしましょう。

なお、取扱商品が多岐にわたる場合、すべての商品について顧客の声を集めるのは相当の時間を要してしまいます。この場合、滞留在庫が多い商品の中で、販売実績の多い順に顧客の声を集め、価値を洗い出していくと良いでしょう。

顧客が評価しているすべての価値を、トレジャーハンティングチームで共有します。

そして、対象とするお客さんを見定め、商品が持っている価値を余すことなくまとめ、その価値を、理想のお客さん・相性があうお客さんに伝え、好事例をつくり、他

のお客さんにも広めていきます（一〇〇％伝えたと思っても、お客さんに伝わってい
るのは良くて七〜八割程度です。七〇％伝えるぐらいでは、結果、半分ぐらいしか伝
わりません）。
価値を余すことなく、パンフレット・ＤＭ・チラシ・ホームページなどに掲載しま
しょう。時間が経つと忘れてしまいますので、今すぐ商品の価値をアピールする媒体
を選びましょう。
あわせて、既存顧客の属性を集計し、それに「商品を勧められる人」の属性を見込
み客として加えます。
その中から、三角形の頂点となりうる理想のお客さんを見定めます。
三角形の頂点は、第四章の「最初の顧客ターゲットは、三角形の頂点を狙え」を参
照してください。

■ステップ2　物流&販路を広げる

三角形の頂点となりうる理想のお客さんを据えたら、その理想のお客さんと三角形の顧客・見込み客に対して、物流面のセールスポイントを設定します。

「コスト」「品質」「納期」の三つの要素の中で、顧客が重視するのは何でしょうか？ライバルの同業他社のアピールポイントと見比べ、顧客からも第一に選んでもらえるように、ライバルとの差別化・優位性についても深く考えてください。

そして、そのセールスポイントを誰が見てもわかるように、パンフレット・DM・チラシ・ホームページなどに掲載しましょう。

さらに、五つの販路のうち、理想のお客さんと三角形の顧客・見込み客にリーチしやすい販路を少なくとも二つ決めてください。二つとしたのは、最初から一つの販路に絞ると、二つ目の販路を利用しないことによる機会損失が大きくなる可能性があるためです。

まして、一つ目の販路の販売促進に慣れていないと、慣れるまでに時間を要してしまい、全体のスピード感に欠けてしまう恐れもあるからです。

販路については、「第三章　物流&販路を変えて在庫一掃」の各項を参照してください。

■ステップ3　ターゲットを見直す

ステップ1とステップ2で据えた理想のお客さんの反応はどうですか？

うまくリーチできましたか？

もし、この時点ですでに理想のお客さんを顧客化できていたら、第四章の「これまでのお客さんの下を狙え」を参照の上、理想のお客さんから下の層を次のターゲットに。

まだの場合は、既存顧客の属性を眺め、対象マーケットの三角形の上位に位置する顧客を見定め、そのお客さんから下の層を次のターゲットに。

これまでBtoCの消費者向けのビジネスが主体でも、もし、BtoBの法人顧客がいれば、法人顧客に狙いを定めて、その顧客と同等あるいはその下の層を次のターゲットに据えても良いでしょう。

■ステップ4　広告表現を変える

準備段階で集めた「顧客の声」を活かします。ただ、準備段階で集めた顧客の声は、情報が簡潔にまとまり過ぎていて、そのままでは、第五章の「広告表現を変える」で紹介した顧客事例広告に利用できない場合が多いでしょう。

また、集まった情報もテキスト形式のみと思います。

ホームページや雑誌広告あるいはＤＭ・チラシなどに掲載する顧客事例広告は、簡潔にまとまり過ぎていると、信用力と説得力に欠ける面があります。

一度、カタログハウスの「通販生活」や三菱電機のＬＥＤ照明「ＭＩＬＩＥ（ミライエ）」の顧客事例広告などをご覧ください。

顧客本人のインタビュー時の写真、商品を実際に使っている写真、法人の場合は現場写真などとともに、顧客本人が語っているように、話し言葉でインタビュー文にまとめられています。

「通販生活」や「ＭＩＬＩＥ（ミライエ）」の顧客事例広告をイメージしながら、「顧客の声」をもらった会社・人に、実際にインタビューしましょう。

質問内容は、前項の「顧客の声を集め向き合う」で紹介した内容で大丈夫ですが、回答内容について、より具体的に聞くことがポイントです。

「例えば？」「より具体的に詳しく」と、聞きたい内容をより深く突っ込んでいくようなイメージです。

なお、インタビュー対象は、良い顧客の声をもらった会社や人の中でも、一般的あるいは特定分野で名が知られている会社・人、あるいは有名でなくとも権威が感じられる会社・人が好ましいです。

一般的あるいは特定分野で名が知られている例としては、大企業・有名企業・特定業界のトップ企業・有名人・地域の名士など。権威が感じられる例としては、国会図書館・法律事務所・弁護士・大学教授・病院の院長などが挙げられます。

■ステップ5　在庫を再利用

次に、既存在庫を再利用する手順です。BtoCの場合は、商品名・商品パッケージを改良する手もありますが、コストも時間もかかります。

BtoB、BtoCともに手っ取り早いのは、バンドル販売でしょう。顧客の声を参考に、商品の特性にあったバンドル方法を考えましょう。

考え方としてわかりやすいのは、第六章の「バンドル販売」でとりあげたテレビショッピングのジャパネットたかただったら、「どんなバンドル方法で紹介するだろう？」と考えてみることです。そして、バンドル販売してもらいやすい候補が思い浮かんだら、そこにアプローチしてみましょう。

BtoBの場合は、会社対個人のルートのほか、顧客接点を持つ担当者と先方担当者との個人同士の接点を強化するとさらに良いでしょう。

会社や商品への信頼・信用とともに、担当者同士の信頼・信用関係が強くなれば、鬼に金棒です。

人と人との繋がり。これが商売の基本です。

不良在庫となっている各商品について、以上の五ステップを、トレジャーハンティングチーム全員で分担・協力しながら進めていけば、棚卸資産のキャッシュ化が加速していくでしょう。

原因を取り除き次に活かす

ここまでで、不良在庫の本当の姿である棚卸資産の販売促進方法について、紹介しました。販売促進の王道といえる手法ですので、シンプルだと感じた方も多いのではないかと思います。

なお、取扱商品にもよりますが、棚卸資産は時間の経過と共に、価値が目減りしていくものが少なくありません。

例えば、消費期限や賞味期限がある食料品などの品質低下、衣料品などの流行遅れによる陳腐化などです。通常会計上は、このような資産は期末に減損処理されます。

しかし、商品の陳腐化は判断が遅れたり、見誤ったりすることもあります。

そして減損処理しきれない場合、棚卸資産は増加してしまいます。

このような状況を回避するには、在庫の滞留を防ぐ方法を考えなくてはなりません。

そもそも、不良在庫が滞留しないに越したことはありません。

ビジネスにちょっとした失敗や試行錯誤はつきものです。

まず、不良在庫となってしまった原因を突き詰めましょう。

一つの要因として、企画・マーケティング・営業・製造・流通等の各部門担当者間の意思疎通が不十分ということが考えられます。

企画・マーケティング部門の売上計画と、営業部門の販売目標がバラバラだったり。

製造部門は作るだけで、販売数量や流通在庫がどの程度あるか、といった市場動向・顧客動向を見ながら製造するという意識が欠けていたり。そのため、需要がピークを迎える前に戦略的に在庫を積み増して、売れ筋商品の在庫切れを防ぐということもできず、その他商品の在庫が積みあがる……。

これを回避するには、関係部門のコミュニケーションを強化する以外にありません。

会社の業態・商材にもよりますが、少なくとも週一〜二回はミーティングを行う必要があるでしょう。有名電機メーカーのマーケティング担当は、国内外の各部門担当と週二回のミーティングを徹底しています。

二つ目の要因として、顧客動向・顧客の声に鈍感なことが挙げられます。

PCとインターネットの普及を経て、スマートフォンの普及により、インターネット広告の増加とともに、消費者が日々目にする広告も商品も、昔に比べ格段に増えています。

法人向けのBtoBでも、顧客の立場からすれば昔に比べ格段に選択肢の数が増えています。

自社の商品がいかに優れていても、他社商品に埋もれてしまって、その価値が消費者に伝わらなければ、売れるものも売れません。

本章の「顧客の声を集め向き合う」の中で紹介した、顧客の声を集め、それぞれの顧客の声に向き合うことを、新製品の発売直後、なるべく早い段階で行っていくことです。これが遅れれば遅れるほど、手遅れになりかねません。同業他社に先駆け、顧客の声をいかに早くキャッチするか、これが肝といってよいでしょう。

三つ目の要因は二つ目の要因「顧客動向・顧客の声」にも関連してきます。従来の対面取引に加え、PC・スマートフォンでのオンラインの取引も増え、販路も流通チャネルも多様化してきました。これが三つ目の要因です。

マーケティングに携わっている方でしたら、オムニチャネルという言葉を目にしたり、聞いたりしたことはあるでしょう。

オムニチャネルとは、実店舗やインターネット通販をはじめとする、あらゆる販売チャネルや流通チャネルを統合すること。さらに、そのような統合販売チャネルの構築によって、どのような販売チャネルからも同じように商品を購入できる環境を実現することをいいます。

実店舗、自社サイト、インターネットモール、テレビ通販、カタログ通販、ダイレクトメール、ソーシャルメディアなど、あらゆる顧客接点から同質の利便性で商品を注文・購入できること、および、WEB上で注文して店舗で受け取ったり、店舗に在庫がない商品をオンラインで注文できたり、というように販路を融合することなども含まれます。

インターネット・PC・スマートフォンの普及により、いつでも、どこでも、買い物することが可能になりました。このような時代背景における新たな販売のあり方として、オムニチャネルが注目されています。

なお、オムニチャネルの「オムニ」とは、「すべての」「あらゆる」という意味です。いくつかの販路を組み合わせて提供する取り組みをマルチチャネルともいいますが、オムニチャネルはありとあらゆる販路を統合し、顧客がリピートしやすくすることに焦点が置かれています。

また、実店舗とオンライン店舗を融合して販売やマーケティングに活かす取り組みは「O2O」（オーツーオー）と呼ばれます。O2Oの「O」（オー）は、オンラインとオフラインの双方の頭文字を用い、オンラインとオフラインが連携し合う、または、オンラインでの販促活動がオフラインの購買にも影響を及ぼす、といった意味の用語です。

オムニチャネルが顧客のリピートを重視しているのに対し、O2Oは新規顧客に重点を置いている傾向があります。

このオムニチャネルの取り組みは、イオン、セブン&アイ・ホールディングス、丸善ジュンク堂書店などのBtoCの例が有名ですので、BtoCにおける取り組みというイメージが強くあります。しかし、BtoBでも、製品の選定や購買判断を行うのは、会社内の個人です。選定者や意思決定者が社内で選定理由を説明しやすいように、適切な情報を適切な方法で提供できれば、BtoB取引でも成立します。

顧客や見込み客へのアプローチを、プレスリリース・新聞記事・広告・展示会セミナーや、対面・電話・メール・ダイレクトメールを通じて行い、詳細は自社のホームページやBtoBのインターネットモール・YouTube動画等で確認できます。そして、注文・問い合わせは、対面・電話・メール・WEB上のいずれの経路からも可能とします（販売拠点が複数ある場合は、顧客が本社・支社・支店のいずれに問い合わせても、同一の情報・サービス・対応が得られることも含みます）。
商品の取扱品目がさほど多くなく、顧客情報や在庫情報を連携せずとも注文対応に支障がない企業でしたら、すぐにでもできるでしょう。

ただし、商品の取扱品目が多く、規模が大きくなればなるほど、さまざまな販売チャネル・流通チャネルを統合し、顧客情報・商品情報・在庫情報なども共有する仕組みが必要となってきます。
このような仕組みを、サプライチェーンマネジメント（供給情報を基点としたもの）・デマンドチェーンマネジメント（需要情報を基点としたもの）などといいますが、これらについては参考書籍がたくさん出ていますので、それらをご参照ください。

なお、従来の営業担当を介した販路に加え、インターネットの販路を設けるようになると、部門・担当が異なることで、お互いに競争原理が生じて、情報共有が不足したり、顧客つまり売上の取り合いになってしまうことがよくあります。

対面の顧客も、ネットを通じての顧客も、同じ顧客。対面で購入する場合もあれば、急ぎの時にネットで購入するということもあります。

顧客から見れば、同じ一つの会社です。会社全体として、お客さんがどちらも利用しやすいように、顧客視点で歩調をあわせていってください。

原因を取り除き次に活かす方法をまとめると、以下のようになります。

①企画・マーケティング・営業・製造・流通等の各部門担当者間のコミュニケーションを密にする。

ミーティングは最低週一回以上。確認をとる意味でも週二回が好ましいです。

②同業他社に先駆け、顧客動向・顧客の声をいち早くキャッチし、共有する。

共有先は、社内の関係者はもちろん、ホームページなどを通じて、見込み客・既存顧客とも共有できるようにします。

③顧客接点のチャネルを広げる。
まずは、ホームページの情報強化やYouTube動画など、できるところから。
社内の部門で顧客を取り合わずに、分かち合いましょう。マネジメントシステムは別途検討してください。

本当のビジネスは宝の山に変えたあとに始まる

「世の中には、衰退する会社、倒産する会社があります。なぜそうなったか、をよく見ますと、競争相手によって倒された例は余りありません。会社の内部の問題が原因で、いわば『自家中毒』で衰退してきているのが実情です。ソニーが外部から批判を受け、昔の評価を落としてきたのは、競争相手のせいではなく、われわれ自身に原因がある。自らの行動によって招いた結果であると反省しなければいけない」

これは、今から三十五年前、一九八〇年一月に開催されたSONYの経営方針発表会で、経営幹部に向けて発せられた、当時会長の盛田昭夫の発言です。

自家中毒という言葉はあまりなじみがないかもしれません。辞書を引くと、「体内で代謝に異常が生じ、生成された毒物により障害が起こること」（デジタル大辞泉）・「自分の体内でつくられた毒物のために起こる中毒」（三省堂大辞林）とあります。

この「自家中毒」の結果、目に見える形として出てくる症状が不良在庫です。

これまで、さんざん不良在庫を宝の山に変える方法について書き連ねてきましたが、元はといえば、たくさん売ろう！という良いモチベーションで生まれたはずです。

時間を経るにしたがって、いつの間にか、その初心を忘れていたに過ぎません。

初心に戻って、あらためて商品の価値をお客さんに伝え、需要を喚起していけば大丈夫です。

ご縁があってこの本を手にとられたあなたは、きっと、もっと売上をあげたい、現状より良くしたい、もっとビジネスセンスを磨きたい、と考えるきわめて意識の高い人でしょう。

そんなあなたなら、必ず、宝の山に変えられると保証します。

不良在庫をなんとかしようと、この本を手にとった時点で、同業他社より一歩先をいっています。

この本をここまでお読みいただいたあなたなら、次に何をするべきか、わかっているはずです。

トレジャーハンティングチームで、宝の山に変えていってください。

でも、私は、本当のビジネスは、宝の山に変えたあとに始まると思っています。

なぜなら、在庫を売ることだけが、ビジネスの目的ではないからです。

宝の山に変えていくなかで、お客さんとの関係も、以前に比べ、より良くなっているのではないでしょうか？

お客さんも、あなたの会社に大切にされていると感じれば喜びます。そして、大切にされている会社とずっと良い関係を続けていきたいと、当たり前に思っています。

同業他社に先駆け、お客さんと長きにわたって良い関係を築いていくことが、本当のビジネスです。

そして、獲得した収益を原資として、新たな商品・サービスを作っていってください。これで、あなたの会社とお客さんの未来も安泰です。

本当のビジネスは宝の山に変えたあとに始まるのです。

皆様のビジネスのご発展ご隆盛とともに、お客さんとの末永い関係を、心よりお祈りいたしております。

主な参考文献

『アイアコッカ・わが闘魂の経営』リー・アイアコッカ（ダイヤモンド社）
『トーキング・ストレート――アイアコッカPart2』リー・アイアコッカ（ダイヤモンド社）
『なぜ真のリーダーがいないのか』リー・アイアコッカ（ダイヤモンド社）
『ジェフ・ベゾス 果てなき野望』ブラッド・ストーン（日経BP社）
『俺の考え』本田宗一郎（新潮文庫）
『得手に帆あげて』本田宗一郎（三笠書房）
『ホンダスーパーカブ　世界のロングセラー』（三樹書房）
『小説盛田昭夫学校（上）』江波戸哲夫（講談社）
『小説盛田昭夫学校（下）』江波戸哲夫（講談社）
『ソニー自叙伝』ソニー広報センター（ワック）
『あのヒット商品はこうして生まれた！』エスプレ（汐文社）

●著者プロフィール
竹内唯通（たけうち・ただみち）
1967年、東京都生まれ。ノン広告ノン営業で儲ける専門家。青山学院大学理工学部経営工学科卒。2009年、顧客の売上アップの度合いに応じて成果を受け取る完全成果報酬型のマーケティング会社を設立。創業時から電話番号・メール非公開、既存顧客と紹介のみで事業を展開。ノン広告ノン営業でも結果の出る非公開スタイルを確立させ、各業界のトップ企業・老舗企業を中心に40社100店舗以上の経営をサポート。ベルギーの海外法人も経営する。株式会社マーケティング・スイッチ・オン代表取締役。兼 JAPANESE NOODLE COMPANY ,SCRL 共同経営者（ベルギー本社）。

マイナビ新書

不良在庫は宝の山

2015年6月30日　初版第1刷発行

著　者　竹内唯通
発行者　中川信行
発行所　株式会社マイナビ
〒100-0003 東京都千代田区一ツ橋1-1-1 パレスサイドビル
TEL 0480-38-6872（注文専用ダイヤル）
TEL 03-6267-4477（販売部）
TEL 03-6267-4483（編集部）
E-Mail pc-books@mynavi.jp（質問用）
URL http://book.mynavi.jp/

装幀　アピア・ツウ
編集協力　ネクストサービス株式会社　松尾昭仁
印刷・製本　図書印刷株式会社

ISBN978-4-8399-5575-5
Printed in Japan